Klaus Bockmühl

Umweltschutz – Lebenserhaltung

Vom Umgang mit Gottes Schöpfung

Brunnen Verlag · Gießen und Basel

Theologie und Dienst

Herausgegeben vom Prediger- und Missionsseminar
St. Chrischona, Bettingen bei Basel

Redaktion: Klaus Bockmühl und Werner Stoy

Umschlag: Harald Wever, Wuppertal

Gesamtherstellung: Druckhaus West GmbH, Stuttgart
ISBN 3 7655 0319 3

Inhalt

Zur Einführung

Unser Umgang mit der Natur ist unsicher geworden. Die Selbstverständlichkeit, mit der wir annahmen, sie stehe uns zur Verfügung und werde hergeben, was wir ihr zu unserer Erhaltung und Entfaltung entnehmen wollen, ist dahin. Der Zukunftsoptimismus, der Fortschrittsglaube als beherrschende Haltung hat dem Unbehagen, ja der Sorge um die künftigen Lebensmöglichkeiten der Menschheit Platz gemacht. Das Bewußtsein der Krise ist nicht nur durch immer neue Meldungen der Tagespresse, sondern vor allem durch eine inzwischen fast unübersehbar gewordene Reihe von Buchveröffentlichungen geweckt worden.

1. Die Debatte über Umweltschutz und Weltversorgungskrise

Seit dem ersten Warnruf in Rachel Carsons „Der stumme Frühling" (1963) erleben wir eine heftige literarische Debatte über das Thema. In ihr lassen sich m. E. vier Phasen unterscheiden, die durch zum Teil heftige Gegensätze gekennzeichnet sind.

Die *erste Phase* umfaßt den Übergang von der alten Naturschutz- zur militanteren neuen Umweltschutzbewegung. Charakteristisch hierfür ist z. B. das Buch des langjährigen Direktors der Britischen Naturschutzbehörde Max Nicholson mit dem Titel „Umweltrevolution"[1]. Ihm geht es im Grunde um die Konservierung und Wiederherstellung von „unberührter Natur", zu welchem Zwecke er auch eine drastische *Reduzierung* der jetzigen Bevölkerungszahl in den Industrie-

[1] London 1970, dt. München 1972 und Zürich o. J., 252 S.

staaten fordert. Hier steht mehr oder weniger nicht der Mensch, sondern die Natur im Zentrum. Der Ausblick in eine Zukunft der Harmonie von Mensch und Natur ist optimistisch.

Die Autoren der *zweiten Phase* denken nicht mehr an die Herstellung eines Goldenen Zeitalters, ihnen geht es ums Überleben der Menschheit. G. Rattray Taylors Buch „Das Selbstmordprogramm"[2] heißt im Original „Das Buch vom Jüngsten Gericht" und zitiert gleich eingangs die „Posaunengerichte" aus Offb. 7–9. Die Bevölkerungsexplosion und die gleichzeitig drohende Erschöpfung der Nahrungsmittel-, Rohstoff- und Energiequellen, sowie die zunehmende Verschmutzung von Luft, Wasser und Erde lassen Taylor eine geradezu apokalyptische Katastrophe für die Menschheit voraussagen.

Rattray Taylors Weltuntergangsbuch erhielt alsbald eine kämpferische Antwort in Gestalt von John Maddox' Stellungnahme „Unsere Zukunft hat Zukunft. Der Jüngste Tag findet nicht statt"[3].

Maddox geht Taylors Prognosen im einzelnen nach und vermag tatsächlich eine große Zahl von Fakten und Überlegungen beizubringen, die Taylors Warnungen als übertrieben und nur zum Teil begründet erscheinen lassen:

Die „Bevölkerungsexplosion" ist für Maddox nur eine Stufe in der Entwicklung zu einem neuen stationären Zustand, wie er bereits (und nicht nur in den Industriestaaten) erkennbar ist. Die Nahrungsmittelproduktion nimmt, nicht zuletzt dank der Züchtung völlig neuartigen Saatgutes, enormen Aufschwung. Rare Rohstoffe werden, wie das Verhältnis Stahl – Aluminium beweist, oft lange vor dem Erschöpfungspunkt durch neu gefundene ersetzt. Von einer Energiekrise kann angesichts der erheblichen Kohlenvorräte und der großen Möglichkeiten der Nutzung der Atomenergie und der Son-

---

[2] Untertitel: Zukunft oder Untergang der Menschheit. London 1970, dt. Frankfurt/M. 1971, Fischer-TB 1369, Frankfurt/M. 1973, 329 S.

[3] Originaltitel: „The Doomsday Syndrome", London 1972, dt. Stuttgart 1973, 210 S.

neneinstrahlung überhaupt nicht die Rede sein. Lediglich die Verschmutzung von Luft und Wasser stelle lokal ein ernstes Problem dar, dem man aber mit kräftigen behördlichen Maßnahmen und neuen Technologien (Maddox hält vor allem das Auto mit Verbrennungsmotor für ablösungsreif) zu Leibe rücken könne.

Die *dritte Phase* bringt eine dramatische Zuspitzung der Debatte. Sie beginnt mit der sensationell wirkenden Veröffentlichung des Berichts des Massachussetts Institute of Technology (MIT) an den Club of Rome, „Die Grenzen des Wachstums" (hg. v. D. Meadows)[4].

Diese Studie geht von der Gewißheit aus, daß die Erde als begrenzte Größe dem sich noch beschleunigenden Wachstum von Bevölkerung, Verbrauch und Verschmutzung alsbald unüberwindliche Grenzen setzen müsse.

Meadows und seine Mitarbeiter legen die Fakten der gegenwärtigen Entwicklung in verschiedener Kombination einer Berechnung zukünftiger Ergebnisse mittels Computer zugrunde. Sie konstatieren für ihr „Weltmodell" einen wirtschaftlichen Totalzusammenbruch, der nur durch eine völlige Stabilisierung der Weltbevölkerung und ein „Nullwachstum" der Weltwirtschaft abgewendet werden könne. Dieser Verzicht setze allerdings eine völlige Veränderung in der geistigen Haltung der Menschheit voraus.

Meadows' Studie, die dem Club of Rome den Friedenspreis des deutschen Buchhandels für 1973 einbrachte, stieß aber nicht nur auf Zustimmung. Heftige Kritik kam von anderen berühmten Zukunftsforschern[5], aber vor allem von seiten der Soziologen. Sie warfen Meadows vor allem vor, er zementiere mit seiner Forderung nach „Nullwachstum" nur den gegenwärtigen Zustand und damit die Privilegien der Reichen. Nicht die Umweltverschmutzung, sondern die un-

---

[4] Untertitel: Bericht des Club of Rome zur Lage der Menschheit, New York 1972, dt. Stuttgart/Zürich 1972, 183 S.

[5] Vgl. Willem L. Oltmans, „Die Grenzen des Wachstums". Pro und Contra, Utrecht/Antwerpen 1973, dt. Rowohlt-TB. 6879, Reinbek 1974, 199 S.

gerechte Verteilung der Güter in der Welt sei die größte Bedrohung der Existenz der Menschheit. Eine Globalisierung des Problems mache im übrigen vielleicht Eindruck auf den Leser, gehe aber an den konkreten Nöten der Menschen vorbei[6].

Vierte Phase: Der zweite Bericht des Club of Rome, vom Herbst 1974, „Menschheit am Wendepunkt" (hg. v. M. Mesarović und E. Pestel)[7] versucht, dieser Kritik bereits Rechnung zu tragen. Nicht nur teilt er die Diagnose jetzt auf zehn verschiedenartige Weltregionen auf, er sucht auch neben den materiell-wirtschaftlichen Daten die veränderlichen subjektiven Wertungen und politischen Entscheidungen zu berücksichtigen.

Die Verfasser fordern, es müsse an die Stelle des ungezügelten ein „organisches", geregeltes Wachstum in Kooperation der verschiedenen Weltregionen treten (von Nullwachstum ist nicht mehr die Rede). So könne nicht nur die Kluft zwischen Mensch und Natur, sondern auch diejenige zwischen arm und reich überbrückt werden, die jetzt deutlich in den Vordergrund der Überlegungen tritt.

Die Welternährungskrise hat die Umweltkrise an Dringlichkeit überflügelt. Auch für das neue Problem sehen die Verfasser eine Änderung in Denken und Verhalten der Menschen für unerläßlich an; sie geben allerdings keine Hinweise darauf, wie eine solche Änderung zustandekommen soll.

2. Anschuldigungen gegen das Christentum

Parallel zu der soeben anhand einiger ausgewählter Titel beschriebenen Sachdebatte läuft seit einigen Jahren eine literarische Auseinandersetzung um die Behauptung, das Christentum trage die Hauptschuld an der Umweltzerstörung,

---

[6] Vgl. unter anderem D. Senghaas und H. v. Nussbaum, in: Wachstum bis zur Katastrophe? Pro und Contra zum Weltmodell, hg. v. H. E. Richter, Stuttgart 1974, 136 S.

[7] Stuttgart 1974, 184 S.

wirksamer Umweltschutz setze deshalb die Überwindung des christlichen Glaubens voraus.

Töne dieser Art waren schon bei Nicholson und Taylor zu hören. Die Anklagen gehen fast überall zurück auf einen Artikel des amerikanischen Historikers Lynn White aus dem Jahre 1966[8].

White sieht die Wurzel der Umweltzerstörung in der jüdisch-christlichen Überwindung des Animismus, also des Glaubens an die Beseelung der Natur. Damit sei die Natur zur verfügbaren Sache für den Menschen gemacht worden. Wirksamer Umweltschutz fände demgegenüber nur im pantheistischen Buddhismus oder in einem intensiven quasi-franziskanischen Bewußtsein der Verwandtschaft des Menschen mit Pflanze und Tier die nötige weltanschauliche Begründung.

Im deutschen Sprachraum hat Carl Amery mit seinem temperamentvoll geschriebenen und weitverbreiteten Buch „Das Ende der Vorsehung. Die gnadenlosen Folgen des Christentums" (Reinbek 1972) den Angriff auf Judentum und Christentum wesentlich verschärft.

Er versucht, seine Behauptung von der verheerenden Wirkung des Christentums dadurch zu belegen, daß er den göttlichen Verwaltungsauftrag an den Menschen in der Genesis als einen Vergewaltigungsauftrag interpretiert. Der skrupellose Umgang des Menschen mit der Natur werde im Alten Testament aber nicht nur so gefordert, sondern auch noch motiviert durch die Zukunftsgarantie der sicheren Fortdauer der Schöpfung, wie sie der „Noahbund" ausspreche.

Diesem „jüdischen Programm" nun habe das Christentum zu weltweiter Wirkung verholfen. Amery ist bemüht, diese These mit einem (allerdings auffallend unergiebigen) Überblick über die Geschichte der Christenheit zu erhärten. Erst gegen Schluß seines Buches mehren sich Andeutungen, daß die heutige Umweltzerstörung weniger eine „gnadenlose Folge des Christentums", als vielmehr Folge seiner Ver-

8 Dt. abgedruckt bei F. Schaeffer, Das programmierte Ende. Umweltschutz aus christlicher Sicht, Genf/Wuppertal 1973, S. 71—88.

achtung ist. Aber das veranlaßt Amery nicht mehr, den hübsch angriffigen Titel zu ändern.

Auf diese Anschuldigungen gegen den christlichen Glauben haben bereits einige Theologen geantwortet. Unter ihnen sind J. B. Cobb[9] und G. Altner[10], die ein neues Umweltverhalten durch eine Annäherung des Christentums an den Pantheismus oder an Herdersche Ideen einer künftigen innerweltlichen Identität von Gott, Welt und Mensch motivieren wollen.

Ohne eine solche Uminterpretation des Christentums argumentiert die vorzügliche Schrift von Francis Schaeffer „Das programmierte Ende"[11] sowie die beachtliche Untersuchung von Thomas Sieger Derr, „Ecology and Human Liberation"[12]. Beide legen überzeugend die relative Sonderstellung des Menschen in der Natur dar und beweisen zugleich, daß der Pantheismus außerstande ist, die geforderte neue Ethik zu begründen.

Während Schaeffers Studie sich auf das zur Zeit ihrer Veröffentlichung im Vordergrund stehende Umweltproblem konzentriert, repräsentiert Derrs Arbeit bereits den neuen Stand der Debatte, also den Blickwechsel auf die Welternährungskrise.

Umweltschutz, Welternährungskrise und die damit verbundene Denunziation des Christentums geben die Veranlassung, von neuem nach den tatsächlichen christlichen Maßstäben und Motiven für den Umgang des Menschen mit Gottes Schöpfung zu fragen[13].

---

[9] Der Preis des Fortschritts. Umweltschutz als Problem der Sozialethik, New York 1972, dt. München 1972, 187 S.

[10] Schöpfung am Abgrund. Die Theologie vor der Umweltfrage, Neukirchen 1974, 212 S.

[11] S. Anm. 8. Engl. Originaltitel „Pollution and the Death of Man — The Christian View of Ecology, Wheaton, Ill. 1970.

[12] Untertitel: „A theological critique of the use and abuse of our birthright". World Student Christian Federation Book, vol. III No. 1, serial No. 7), Genf 1973, IV + 111 S.

[13] Über einige der vorgenannten Veröffentlichungen berichte ich eingehender in Rezensionen in den „Theologischen Beiträgen" (Wup-

Umweltschutz – Lebenserhaltung: Die christlichen Maßstäbe

1. Stellung und Auftrag des Menschen in der Schöpfung

Die biblischen Grundlagen

Das christliche Verständnis des geordneten Verhältnisses von Mensch und Natur muß aus den biblischen Grundlagen gewonnen werden. Wir wenden uns deshalb zuerst der von den Kritikern angegriffenen, aber für die christliche Theologie gleichwohl programmatischen biblischen Schöpfungsgeschichte zu. Was sagt sie über Stellung und Auftrag des Menschen innerhalb der Schöpfung?

Gen. 1, 26 lesen wir: „Und Gott sprach: Lasset uns Menschen machen, ein Bild, das uns gleich sei, die da herrschen über die Fische im Meer und über die Vögel unter dem Himmel und über das Vieh und über die ganze Erde und über alles Gewürm, das auf Erden kriecht."

Die Ausleger des Alten Testaments sind ziemlich einhellig der Meinung, daß die Ebenbildlichkeit Gottes nicht nur in unmittelbarer Nähe, sondern auch in direktem Bedeutungszusammenhang mit dem Herrschaftsauftrag steht. Der Mensch ist der Statthalter Gottes in der Schöpfung.

---

pertal), Jg. 6/1975. Weiter sind zum Studium dringend empfohlen E. Basler, Strategie des Fortschritts, Frauenfeld u.. München 1972, sowie das große Werk von A. M. Klaus Müller, Die präparierte Zeit. Der Mensch in der Krise seiner eigenen Zielsetzungen, Stuttgart 1972.

Gerhard von Rad drückt das treffend aus: „So wie die Großkönige in der Provinz ein Bildnis ihrer selbst als Wahrzeichen ihres Herrschaftsanspruchs aufstellen, so ist der Mensch Hoheitszeichen Gottes“[14].

Die Gottebenbildlichkeit des Menschen ist also wesentlich im Sinne seiner *Aufgabe* zu sehen: Herrschaft über die Welt, insbesondere über die Tierwelt. Damit ist dem Menschen in der Tat eine *Sonderstellung* innerhalb der Schöpfung verliehen[15].

Diese Sonderstellung ist nach zwei Seiten weiter zu beschreiben.

a) Das hebräische *radah* („herrschen“) im Beschluß Gottes V. 26 und in der direkten Anweisung an die Menschen V. 28 (die Verse 27 und 28 stellen eine Entfaltung des Verses 26 dar), sowie das parallele Verb *kabasch* („sich untertan machen“, in V. 28 auf „die Erde“ bezogen) haben einen entschiedenen, ja harten Klang.

Radah bedeutet auch treten (z. B. die Kelter), (eine belagerte Stadt) bewältigen, *kabasch* = unter die Füße treten, unterjochen, bezwingen.

Das Unmißverständliche, fast Gewalttätige dieser Herrschaft kommt auch darin zum Ausdruck, daß der Begriff, wo er auf Herrschaft des Menschen über den Menschen angewendet wird, durchaus negatives Vorzeichen trägt (siehe Jes. 34, 16 und Esther 7, 8). Ebenso bezeichnet das griechische Äquivalent *katakyrieuein* ein Verhalten, das im Jüngerkreis nicht vorkommen soll (Matth. 20,25).

Dem Menschen wird also aufgetragen, die Tiere zu beherrschen, sie im Zaume zu halten, das Wild zu bezwingen, ihm gegenüber die Oberhand zu behalten, – und damit eben die Voraussetzung aller, auch der einfachsten Kultur zu schaffen.

---

[14] G. v. Rad, Das erste Buch Mose, Genesis Kapitel 1—12, 9 übersetzt und erklärt, ATD Bd. 2, [3]Göttingen 1953, S. 46.

[15] Vgl. ferner W. Eichrodt, Theologie des Alten Testaments, Bd. II/III, [4]Stuttgart/Göttingen 1961, S. 79. 82, und G. von Rad, Theologie des Alten Testaments, Bd. I, [3]München 1961, S. 150 u. v. a. S. 151.

Im Zaume halten heißt aber keinesfalls vernichten. Der Mensch ist nicht allein auf der Welt.

b) In den sogleich anschließenden Versen 29 und 30 erfolgt eine Relativierung der Sonderstellung des Menschen, die der Vorrangstellung in einer Hinsicht die Gleichstellung in einer anderen beigesellt: Beiden, Menschen und Tieren, ist die gleiche *pflanzliche* Nahrung zugewiesen. Erst nach dem Sündenfall und nach der Sintflut, als Gott sozusagen einen neuen Anfang mit der Schöpfung macht, räumt er dem Menschen tierische Nahrung ein (Gen. 9, 3).

Die Bibel sieht darin aber wohl nur die Regelung für eine Zwischenzeit. Denn am Ende der Zeiten, bei der völligen Wiederherstellung der Schöpfung im messianischen Friedensreich, werden auch alle Geschöpfe wieder friedlich beieinander wohnen (Jes. 11, 6–9).

In demselben Kapitel Gen. 9 nun, in welchem dem Menschen die Übermacht über das Tier erstmals bis zum Verzehr desselben bestätigt wird, ist sie abermals relativiert dadurch, daß Gott seinen neuen Bund (den sogenannten Noah-Bund, V. 8–17) ausdrücklich nicht nur mit Noah und seinen Nachkommen, d. h. mit den Menschen schließt, sondern „mit allen lebendigen Wesen, die bei euch sind, Vögeln, Vieh und allem Wild des Feldes bei euch, mit allen, die aus der Arche gekommen sind" (V. 10). Und das soll zugleich ein „ewiger Bund" (V. 12. 16) sein; er zielt auf die Erhaltung aller Kreatur.

Ebenso bezieht Paulus die nichtmenschliche Kreatur in unsere Zukunftshoffnung ein (Röm. 8, 21)[16].

Dieselbe ausdrückliche Einbeziehung der Tierwelt findet sich in den Anweisungen, die aus dem Bund Gottes mit Israel am Sinai hervorgehen. Das *Sabbatgebot* (Ex. 20, 10; Deut. 5, 14) macht es dem Menschen zur Pflicht, daß der Sabbat als der wöchentliche Tag der Erquickung und Ruhe von der Arbeit

[16] Es hat also tieferen Sinn, wenn die Maler seit alters „Ochs und Esel" (Deut. 5, 14) als Teilhaber am Ereignis der Geburt Jesu zeichneten!

nicht nur dem lohnabhängigen Sklaven, sondern auch „Ochs und Esel" zugute komme.

Die Tiere dürfen also durchaus nicht pausenlos bis zur Erschöpfung ausgebeutet werden. „Der Gerechte erbarmt sich seines Viehs" (Spr. 12, 10), wie sich Gott des Menschen erbarmt, ja mehr: wie Gott für *beide*, Menschen und Vieh, Sorge trägt (Ps. 36, 7; vgl. 104, 14; 147, 9).

Alles zusammengenommen, stehen wir bei dem Verhältnis des Menschen zur Natur vor einem Begriff von Herrschaft, der von Unterwerfung ausgeht, aber Verwaltung und Fürsorgepflicht zum nachfolgenden dauernden Inhalt hat: der Mensch als *Hirte*.

Gen. 2 stellt neben die Ermächtigung, die Tiere zu beherrschen, den Auftrag: „den Garten bearbeiten".

Wir lesen in Vers 8: „Gott pflanzte einen Garten und setzte den Menschen hinein, den er gemacht hatte", und in Vers 15: „Und Gott nahm den Menschen und setzte ihn in den Garten Eden, daß er ihn bearbeitete und bewahrte."

Hier bekommt der Mensch den Beruf des Gärtners. Auch andernorts ist er wesentlich als Bauer begriffen (vgl. „den Boden bebauen", Gen. 2, 5 und die Parallelsetzung von Arbeit und Ackerwerk Ps. 104, 23). Das hebräische Wort für „hineinsetzen" wird bezeichnenderweise später wieder bei der Ansiedlung der Israeliten im Kulturland verwendet, die aus ihnen Landwirte macht.

Gott selbst hat zwar den Garten gepflanzt, aber nun den Menschen beauftragt mit dem Fortsetzungswerk. Gott sucht den Menschen als Mitarbeiter. Er will sein Werk auf Erden, sowohl das der Erhaltung wie das der Erneuerung seiner Schöpfung, nicht ohne die Mithilfe des Menschen tun. Er stellt den Menschen an als Gärtner, und er wird später das Evangelium durch menschliche Boten aussenden.

Die beiden Verben, mit denen die Einsetzung des Menschen inhaltlich näher bestimmt wird, geben weiteren Aufschluß über Stellung und Auftrag des Menschen innerhalb der Schöpfung.

Das hebräische *'abad*, das das Verhältnis des Menschen zur

Erde bezeichnet und das wir mit „bearbeiten" übersetzt haben, könnte auch heißen „bedienen". Dasselbe Wort kommt sogar im Zusammenhang mit dem *Gottes*dienst vor. Von einem Auftrag zu hoffärtiger Herrschaft über die Erde kann also nicht entfernt die Rede sein.

Das läßt das zweite Verbum, „bewahren" oder „bewachen" (hebr. *schamar*), ebensowenig zu. Zum Wortsinn gehört hier die Bestimmung, den Gegenstand selbst voll funktionsfähig zu erhalten, ja ihn dahingehend zu entfalten.

Beide Verben nötigen also zu einem gewissen Respekt vor der Erde als dem Gegenstand des Menschen und halten dauernd bewußt, daß der Mensch als Verwalter in einem Dienstverhältnis an fremdem Eigentum steht. Ihm ist die Bewahrung der Schöpfung Gottes aufgetragen.

In Gen. 2, 19 kommt bei der Erlaubnis für den Menschen, den Tieren Namen zu geben, noch einmal etwas von seiner Überlegenheit gegenüber den Mit-Kreaturen zum Ausdruck. Aber diese Stellung ist eben keine isolierte, sie ist zu sehen unter dem Auftrag, mitzuwirken am Werk Gottes zur Erhaltung der Schöpfung.

Die Reihenfolge der Kapitel Gen. 1 und 2 entbehrt so nicht eines tieferen Sinnes. Nachdem die Tiere unterworfen sind, kann die Pflege des gesicherten und ausgegrenzten Kulturlandes unternommen werden. Der Mensch soll Gottes wunderbare Welt, die „Oase im Weltall", pflegen, nicht sie zerstören, sondern aus ihr einen wirklichen Wohnpark machen.

Immer wieder erscheint die Stellung des Menschen im Kosmos als eine dialektische, das heißt, es müssen zwei Sätze zugleich und mit gleichem Gewicht gesagt werden: Der Mensch hat Rechte und Pflichten. Er steht unter Gott, aber über der Tierwelt (vgl. auch Matth. 10, 31: „Ihr seid mehr wert als viele Sperlinge"!). Er hat den Vorrang innerhalb der Schöpfung, aber zugleich die Pflicht zur Fürsorge für sie, wobei Für-Sorge auch im Sinne der Stellvertretung für den eigentlichen Besitzer zu verstehen ist. Der Mensch ist Treuhänder, oder besser: der Haushalter Gottes.

Dem entspricht die andere Doppelaussage: „Die Erde ist des Herrn und alles, was darinnen ist" (Ps. 24,1; vgl. 50,12) und: „Der Himmel allenthalben ist des Herrn; aber die Erde hat er den Menschenkindern gegeben" (Ps. 115,16).

Die dogmatische Überlieferung

Der Auftrag, die Schöpfung zu bewahren, rückt den Menschen in unmittelbare Nähe zu Gottes eigenem Tun in der *Erhaltung der Schöpfung*. Die gesamte theologische Tradition vertritt diesen Lehrpunkt: „Der Schöpfer hält in unbegreiflicher Treue seine Schöpfung, allen Widerständen zum Trotz, durch."[17]

Diese Lehre, die auch im reformatorischen Lied zum Ausdruck kommt („Was unser Gott geschaffen hat, das will er auch erhalten"), nimmt ihren Ausgang bei dem Wort Weish. 14,13 „Deine Vorsehung regiert alles" (vgl. 12,8).

Der in der Dogmengeschichte geläufige Begriff „Vorsehung" führt das Verständnis dabei allerdings zu schnell auf ein göttliches „Vorherwissen" und damit in eine griechische Denkform. Die biblische Schau indes verträgt sich nicht mit der darin gegebenen Vorstellung eines untätigen, distanzierten Gottes. Für sie äußert sich Gottes Erhaltung vielmehr in dem „Dominus providebit" von Gen. 22,8, also in der *Fürsorge* Gottes.

Andere hervorragende Bezugsstellen sind Ps. 104,27: „Es wartet alles auf dich, daß du ihnen Speise gebest zu seiner Zeit" (vgl. 145,15 f. und 1. Tim. 6,17) und vor allem Ps. 104,30: „Du lässest aus deinen Odem, so werden sie geschaffen, und du erneuerst die Gestalt der Erde", ferner Apg. 17,25 u. 28 und mit Bezug auf Christus Kol. 1,17 und Hebr. 1,3.

Erhaltung bedeutet immer Aufhalten von Degeneration und

---

[17] G. Gloege, Artikel Schöpfung IV. B. Dogmatisch, ³RGG, Band V, Tübingen 1961, Sp. 1487.

Zerrüttung und wird demgemäß traditionell auch mit den Begriffen *sustentatio* (Unterhalt) und *conservatio* (Bewahrung) erläutert.
Indessen läßt sich m. E. die Beobachtung nicht unterdrücken, daß in der theologischen Lehrtradition von der *Erhaltung* der Schöpfung so gut wie überall nur als von einem Werk Gottes, also in der Dogmatik, so gut wie nirgends aber als von einem Tun auch des Menschen, also in der Ethik, die Rede ist, obwohl Gen. 2, 15 dazu ausdrücklich Anlaß gibt.
Das „Bewachen und Bewahren" des Menschen, die bewußte Fortsetzung und der Nachvollzug der göttlichen Erhaltung kommt als erstrangiges Stichwort der Schöpfungsethik nicht in den Blick. Die ethische Konsequenz aus dem dogmatischen Lehrstück von der Erhaltung der Schöpfung scheint zu fehlen und dies, obwohl *Jesus* in Mark. 3, 4 („Gutes tun – Leben erhalten") Gen. 2, 15 inhaltlich aufnimmt und den Erhaltungsauftrag damit als Grund-Satz der Ethik bestätigt.
Wir werden allerdings sehen, daß dieser Mangel einer „Erhaltungs-Ethik" durch die Anwendung der umfassenderen biblisch-theologischen Lehre vom Besitz ausgeglichen wird.

2. Christentum und Natur – ein geschichtlicher Überblick

Das auf den ersten Seiten der Bibel angewiesene Verhältnis des Menschen zur übrigen Schöpfung – Vorrang und Fürsorge – ist in der Geschichte der Christenheit allerdings oft ohne Einfluß geblieben. Das tatsächliche Verhalten bestimmte aber nicht, wie Carl Amery und andere Kritiker meinen, den Vorsatz der absoluten Beherrschung und rabiaten Ausbeutung der Natur, sondern vielmehr ein Empfinden der Entfremdung von Mensch und Natur.
Joseph Sittler hat in seiner vieldiskutierten Rede an der Weltkirchenkonferenz New Delhi 1961 besonders dem westlichen theologischen Denken diese „Kluft zwischen Gnade und Natur" zum Vorwurf gemacht: „genau zu der Zeit und

in jenem Teil der Welt", da der Mensch sich der Naturwissenschaft und -beherrschung zugewandt, habe die christliche Theologie die Gnade auf den Bereich von Geschichte und Moral reduziert[18]. Damit sei die Natur ausgeschlossen, für vogelfrei erklärt und so dem Zugriff des säkularen, aufkläre-rischen Menschen ausgeliefert worden.

Wolfgang Trillhaas und andere Autoren der Gegenwart sehen fast in jeder Epoche der Christenheit die Abwertung der Natur als vorherrschenden Gesichtspunkt, sowohl in der Alten Kirche unter dem Einfluß des Platonismus als auch in der Reformation und im Pietismus, endlich bei zwei so entgegengesetzten Theologien wie derjenigen des deutschen Idealismus und derjenigen Karl Barths.

„Wenn ich recht sehe", bemerkt Trillhaas, „gibt es in der Geschichte der neueren evangelischen Theologie nur eine Ausnahme von dieser Diskreditierung der Natur, und das ist der Biblizismus. J. T. Beck und vor allem A. Schlatter ... sind auf das Problem aufmerksam gewesen"[19].

Ganz so einfach wie es viele Kritiker der angeblichen Naturfeindlichkeit des Christentums sehen und wie es auch Trillhaas erscheint, liegt die Sache allerdings nicht. Zu der schöpfungsmäßigen Zweiheit von Herrschaft und Fürsorge tritt noch jene andere, die Entfremdung und Zuordnung von Mensch und Natur, wie sie nach dem biblischen Zeugnis durch den Sündenfall des Menschen entstand (Gen. 3, vor allem 17 ff.; vgl. auch 9, 2).

Die in der Geschichte der Christenheit aufscheinende Fremdheit gegenüber der Natur ist also *ein* Moment des Gesamtverhältnisses, das sich auch gar nicht beseitigen läßt. Aber es kann nicht das einzige sein. Auch nach dem Sündenfall ist die Natur gut. Der „Lobpreis Gottes aus den Werken der Schöpfung", Ps. 104, wird angesichts der gegenwärtigen Erde gesungen und gilt auch noch nach dem Fall der ersten

---

[18] Neu Delhi 1961. Dokumentarbericht über die Dritte Vollversammlung des Ökumenischen Rates der Kirchen, hg. v. W. A. Visser 't Hooft, Stuttgart und Basel 1962, S. 516.

[19] W. Trillhaas, Ethik, ³Berlin 1960, S. 185—197, Zitat S. 187.

Menschen: „Du, Herr, hast sie alle weislich geordnet, und die Erde ist voll deiner Güter" (104, 24).

Die Bäume spielen eine Rolle im Lobpreis Gottes bei der künftigen Realisierung seines Reiches (Ps. 96, 12 f.), und Jesus beschreibt die Feuerlilie als Geschöpf von einer solchen Schönheit, daß keine menschliche Produktion ihr gleichkommt (Matth. 6, 29). Es ist gewiß, daß auch die Sperlinge, die bei den Menschen so gering geachtet werden, bei Gott Beachtung finden (Matth. 6, 26; 10, 29).

Nicht nur in der Schöpfung, selbst im besonderen Heilsplan Gottes in Christus hat das Tier eine Stelle: die Eselin, deren „der Herr bedarf" bei seinem Einzug in Jerusalem: sie hilft mit, das Evangelium vom demütigen Messias zu verkündigen (Matth. 21, 3).

Jesus lehrt ferner die Unschuld der natürlichen Prozesse (Matth. 15, 20) gegenüber der Bosheit menschlicher Planungen. Natur*feindlichkeit* ist christlich nicht zu begründen.

Man könnte die *dialektische* Behandlung des Natürlichen in der Heiligen Schrift gerade an dem Spezialfall der *Leiblichkeit* zeigen: Das Neue Testament unterscheidet den *Leib* als natürlichen Leib, den Leib im Dienst der Sünde (Röm. 6, 6) und den Leib als Tempel und Träger der Herrschaft Gottes (1. Kor. 6, 15).

Das Natürliche kann bösen wie guten Zwecken dienen; es ist nicht als solches schon verwerflich. Deshalb kann Paulus auch diesbezüglich schreiben: „Pfleget des Leibes, aber nicht so, daß die Begierden erwachen", d. h. daß er selbstherrlich wird (Röm. 13, 14).

Genau wie der Vater im Himmel diese ganze zweideutige Welt sogar mit ihren Bösewichten nicht preisgibt, sondern erhält, genauso sollen es seine Kinder tun (Matth. 5, 45).

Es gibt im Neuen Testament wie zwei *Welt*-Begriffe (vgl. Joh. 3, 16 mit Joh. 14, 17) so auch zwei „Natur"-Begriffe, einen, der die geschaffene Natur als solche (*physis*, z. B. in Röm. 1, 27; 2, 14) und damit in ihrem Normalcharakter und einen, der die gefallene Natur (*physis*, in Eph. 2, 3) in ihrer Verderbnis und Verurteilung bezeichnet. Der letztere wird aber, soweit ich sehe, nur auf den Menschen bezogen. So mit Blick auf den Menschen, entspricht dieser doppelte Naturbegriff der biblischen Lehre von Schöpfung und Fall. Wo die damit gegebene Unterscheidung vernachlässigt und der Naturbegriff mechanisch verallgemeinert einzig nach seiner negativen Bedeutung benutzt wird, da wird es freilich zur Entfremdung zwischen dem gläubigen Menschen und der Natur kommen. Dann gibt der, der Haushalter Gottes über die Natur sein sollte, die Natur preis, und der profane Mensch bemächtigt sich ihrer als eines herren- und hirtenlosen Gutes zum Verzehr.

In der Geschichte der Christenheit ist es – Trillhaas' Beobachtung hinsichtlich des Biblizismus gilt nicht nur für Beck und Schlatter – die ständige Konfrontation mit der Heiligen Schrift, die es in der christlichen Theologie nie zu der völligen Finsternis einer einseitigen Naturfeindschaft kommen läßt. Gewiß besitzt der Platonismus in der altkirchlichen Naturbetrachtung und Askese übermächtig Geltung, aber selbst Origenes, der den Leib als das Gefängnis der Seele ansieht, rühmt gegenüber dem heidnischen Kritiker Celsus die Güte und Zweckmäßigkeit der Schöpfung[20]. Es ist der 104. Psalm, der ihn dazu anhält. Von Augustinus wissen wir, daß er in seinem Alter den Einfluß des Platonismus auf seine Theologie zurückdrängte und das Irdische wieder zu Ehren kommen ließ[21]. Er singt das Lob der Schöpfung und der schönen Natur (De civ. 22, c. 24). Er bekämpft die Leibfeindlichkeit der Manichäer, der Neuplatoniker und des Origenes und erklärt: Unser Körper ist nicht mit den Verderbnissen des Körpers gleichzusetzen. Und er beweist es mit dem Rückgriff auf *Paulus*.

Man kann fortfahren. Hat die ganze Reformation wirklich in allen ihren verschiedenen konfessionellen Ausprägungen

---

[20] Origenes, Acht Bücher gegen Celsus, Bd. I, Bibliothek der Kirchenväter Bd. 52, München o. J., S. 396.

[21] S. J. Mausbach, Die Ethik des heiligen Augustinus, Bd. I, ²Freiburg 1929, S. 160 ff., vgl. v. a. das Zitat von Ad. v. Harnack, S. 162 Anm. 1.

„ein gebrochenes Verhältnis zum Naturbegriff und zur Naturerfahrung"[22]? Und – zu *welchem* Naturbegriff?
Der Pietismus (A. H. Francke) führte bekanntlich den naturkundlichen Unterricht in die deutsche Schule ein. Und wenn es bei Tersteegen heißt: „Geht's der Natur entgegen, so geht's gerad und fein . . ."[23], so ist offensichtlich nicht der allgemeine Natur-Begriff im Blick, sondern derjenige von Eph. 2, 3, die selbstherrliche, den Geboten Gottes abholde Neigung und der Eigenwille des Menschen.
Wenn Trillhaas sodann in seinem Artikel „Natur und Christentum"[24] in bezug auf die vom Deutschen Idealismus bestimmte Theologie anführt, für Schleiermacher, auch noch für A. Ritschl und W. Herrmann bedeute Ethik die Überwindung der Natur durch den Geist, so liegen die Dinge auch hier nicht so einfach. Nicht nur hat Schleiermacher sich schon die Nutzung und Indienststellung der anorganischen und organischen Natur in der Ethik zum Thema gestellt („Agricultur"), er sieht auch das Vernünftige und das Natürliche als füreinander bestimmt an. Und wenn er im Prozeß der „Durchgeistung" und „Ethisierung der Natur" einen intensiven Einfluß der Vernunft auf die Produktion fordert, so will er doch in Anerkennung der „Heiligkeit der organischen Natur" die Zerstörung des einzelnen Wesens nur zulassen, „wenn sie verbunden ist mit tätigem Anteil an der Erhaltung und Veredelung der Gattungen"[25]. Das ist das Prinzip der *Hege*.
Von der „dialektischen Theologie" Karl Barths und seiner frühen Freunde wird man freilich kein Interesse an der Natur erwarten. Aber schon Barths Schöpfungsethik („Das Gebot Gottes des Schöpfers", Kirchl. Dogmatik III, 4) von 1951 bezeugt einen umfassenden Versuch zur Wiedergewinnung

---

[22] W. Trillhaas, a. a. O., S. 186.
[23] Zitiert bei Trillhaas, a. a. O., S. 187.
[24] ³RGG, Bd. IV, Tübingen 1960, Sp. 1326—29, hier 1327.
[25] Entwurf eines Systems der Sittenlehre, hg. v. A. Schweitzer, F. Schleiermachers literar. Nachlaß. Zur Philosophie, 3. Bd., Berlin 1835, S. 181.

des Verhältnisses Mensch-Natur in der Ethik, nachdem A. Schweitzer mit einem gewissen Recht die Einseitigkeit der christlichen Ethik getadelt hatte, die sich weithin nur für das Verhalten des Menschen zum anderen Menschen, nicht aber zur Natur interessierte.

Barth konstatiert diesbezüglich „eine ernste sekundäre Verantwortung des Menschen“[26]. Tiere und Pflanzen gehören Gott, aber sie sind dem Menschen zum Gebrauch übergeben. Wegen der besonderen Geschichte Gottes mit dem Menschen komme dem Leben des Menschen auch eine höhere Notwendigkeit zu. Herrschaft über die Tiere bedeute deshalb die Erlaubnis zur Domestizierung und zur „Nutznießung ... der überschüssigen, in der Tierwelt lebendigen Naturkräfte“[27].

Mußte mit diesen Korrekturen darauf hingewiesen werden, daß eine pauschale Verurteilung der christlichen Lehrgeschichte in bezug auf das Verhältnis Mensch-Natur nicht berechtigt ist, so lassen sich freilich die Übergewichte und Einseitigkeiten, die Sittler, Trillhaas und andere tadeln, nicht leugnen. Sie treten in dem Maße auf, in dem sich die Lehrbildung jeweils scholastisch, rational systematisierend von der Bibel entfernt. Die so entstandenen Fehlurteile müssen aber – und können! – der Korrektur durch die Heilige Schrift unterworfen werden.

Daß auf diesem Wege eine ausgeglichenere Auffassung entsteht, beweist der Biblizismus Adolf Schlatters.

Schlatters Darlegungen zum Thema lassen sich etwa wie folgt zusammenfassen: Wo begriffen ist, daß Gott die Natur erschaffen hat und noch erhält, wird man ihr nicht mehr feindlich gegenüberstehen. Im Gegenteil: „Wir sind mit der Natur befreundet“[28] und stehen aufmerksam und dankbar vor ihr. Aufmerksam, weil uns durch die Natur auch ein Stück des Willens Gottes zukommt: wir werden durch Gottes Schaffen und Erhalten regiert. Im Gegensatz zu den

---

[26] Kirchliche Dogmatik III, 4 („Die Lehre von der Schöpfung“), [2]Zollikon-Zürich 1957, S. 399.

[27] Ebenda, S. 400.

[28] Die Christliche Ethik, [3]Stuttgart 1929, S. 255.

früheren Geschlechtern, deren alte Schuld bis heute fortwirkt und deren Stellungnahmen uns dem Verdacht aussetzt, „die Kirche sträube sich gegen die Anerkennung der natürlichen Tatsachen"[29], ist zu sagen: „Jede Weltverneinung, die die Natur ablehnt, ... ist ein Überrest des griechischen Erbes und hat nichts mit Jesus zu tun. Sie kommt nicht von dem, der die Welt mit Gott versöhnt hat"[30].

Gefahr ist nur dann vorhanden, wenn man nichts anderes kennen will als die Natur. Dann gibt es keinen Unterschied mehr zwischen Barmherzigkeit und Unbarmherzigkeit, denn darüber belehrt uns die Natur nicht eindeutig. Dann gibt es aber auch kein Gegengewicht mehr gegen die Hybris der Herrschaft der Natur, vor allem im selbstischen menschlichen Willen.

Nicht das Natürliche als Gottes Werk ist daher schlecht, sondern unsere Selbstsucht, welche die Natur benützt. „Unsere Gegnerschaft gilt nur der Verderbnis des menschlichen Willens, nicht der Natur, nicht dem göttlichen Werk"[31].

Es ergibt sich wieder die doppelseitige Haltung: wir müssen die Natur *heiligen,* d. h. sie als Gottes Werk behandeln. Ihre Regeln überschreiten wir nur im Gehorsam gegen Gott selbst, den Schöpfer und Erhalter der Natur[32].

Damit ist m. E. die christliche Einstellung zur Natur richtig bezeichnet.

Ihre Dialektik läßt sich am Gegenüber der Marx'schen Philosophie nochmals profilieren. Den Vorwurf der Naturfeindlichkeit hat bekanntlich gerade Karl Marx mit Vehemenz gegen das Christentum erhoben[33]. Marx konstatiert in der gegenwärtigen Phase der Menschheitsgeschichte eine Entfremdung des Menschen nicht nur vom Mitmenschen, son-

---

[29] Ebenda.

[30] Ebenda, S. 133.

[31] Ebenda, S. 137.

[32] Ebenda, S. 18f. 51. 83ff. 254ff. und an den bereits angegebenen Stellen.

[33] Vgl. meine Dissertation „Leiblichkeit und Gesellschaft. Studien zur Religionskritik und Anthropologie im Frühwerk von Ludwig Feuerbach und Karl Marx", Göttingen 1961, S. 238 ff.

dern ebenso von der Natur, eine Entfremdung, in welcher der Mensch die Natur als Rohmaterial nimmt und zur an sich gleichgültigen Ware verarbeitet. Dafür wird der Kapitalismus, aber im Grunde schon das Christentum verantwortlich gemacht. Seinem wahren Wesen nach, das in der kommunistischen Zukunft Wirklichkeit werden wird, gehört der Mensch, laut Marx, aber so sehr in einen lebendigen Zusammenhang mit der Natur, daß man von einer dialektischen Identität von Mensch und Natur sprechen darf. Das bezeugen die berühmten Sätze: Der Kommunismus – d. i. der Vollkommenheitszustand am Ende der Geschichte – „ist als vollendeter Naturalismus = Humanismus, als vollendeter Humanismus = Naturalismus, er ist die wahre Auflösung des Widerstreites zwischen dem Menschen und der Natur ... Er ist das aufgelöste Rätsel der Geschichte und weiß sich als diese Lösung"[34].

Marx sagt also: Das Christentum hat Mensch und Natur *entzweit*. Sein eigenes Bild des wahren Menschen rückt hingegen nahe an eine Formel der *Verschmelzung* von Mensch und Natur heran, die aus einer romantischen Identitätsphilosophie stammt. Die christliche Auffassung lehrt aber weder die Fremdheit noch die Einebnung des Unterschiedes von Mensch und Natur. Sie ist gekennzeichnet durch die Dualität von Sonderstellung und Zuwendung, Distanz und Fürsorge.

Ebenso ist in der heutigen Gesprächslage zu sagen, in der man dem Christentum die Entmythisierung und Degradierung der Natur vorwirft: Jawohl, die Natur ist nicht göttlich, aber sie ist damit durchaus nicht entwürdigt und der Vernichtung anheimgegeben. Weder Naturmystik (und Unterwerfung des Menschen unter die Natur) noch rücksichtslose Herrschaft des Menschen über die Natur, sondern ihr Dem-Menschen-Anvertrautsein, wie es die Bilder vom Heger und Gärtner ausdrücken, bezeichnen die christliche Position. Sie

[34] Aus den „Pariser Manuskripten", Marx-Engels-Gesamt-Ausgabe (MEGA), Bd. I, 3, S. 114.

läßt sich anhand der Ordnung des größeren Zusammenhanges „Mensch und Besitz" weiter erläutern.

3. Besitz und Eigentum in christlicher Sicht

Nach der Weisung der Heiligen Schrift sollen wir uns nicht nur in bezug auf die Natur, sondern überhaupt in unserer Existenz als Verwalter anvertrauten Eigentums auffassen, als Haushalter, Treuhänder, sozusagen als Bevollmächtigte, „Prokuristen" (wörtlich: Für-Sorger) Gottes. Die Verantwortlichkeit für das uns von Gott Anvertraute ist unteilbar, sie gilt für unseren Leib ebenso wie für die äußere Natur, die uns zum Lebens-Mittel gegeben ist. Gott hat den Menschen mit dem Ziel eines Dienstes in die Welt gestellt; der Mensch ist gegenüber der Schöpfung Gottes Stellvertreter. Der Haushalter oder Verwalter empfängt Überlegenheit über das zu Verwaltende, bleibt aber dessen Eigentümer untergeordnet.

Haushalterschaft

Ein Beispiel für diese Regelung ist schon die Regelung des Bodenbesitzes nach dem Alten Testament. Alles Land ist Gottes Eigentum, den Israeliten zu Lehen gegeben. Für sie kann also „Eigentum, zumal an Boden, nur ein auf Zeit verliehenes Nutzungsrecht sein . . ."[35]. Diese Relation gilt dann sekundär, abgespiegelt, auch zwischen den Menschen, wie die Einrichtung des Jubeljahres zeigt.

Im Neuen Testament liegt die Sache ebenso: Die Welt ist den Menschen zur Verwaltung anvertraut, und sie müssen Rechenschaft über ihren Umgang mit den Dingen ablegen. So besagen es manche Gleichnisse Jesu, dasjenige von den anvertrauten Talenten (Matth. 25, 14–30), aber auch das von den bösen Weingärtnern (Matth. 21, 33–43).

[35] F. Horst, Artikel Eigentum I. Biblisch, ³RGG, Bd. II, Tübingen 1958, Sp. 364.

Hans Dombois illustriert die Weise des Umgangs mit Besitz nach biblischer Sicht gewiß richtig, wenn er erinnert an das „biblische Bild des Freigelassenen, der als Klient die Geschäfte des Herrn besorgt und zum Hauswesen der Großfamilie gehört ... Auf Grund dieser Rückbindung sind sie Treuhänder und Verwalter des Hausgutes"[36]. Sie haben relatives, nicht absolutes Recht über die vorhandenen Güter. Der Haushalter hat das Gebrauchsrecht, die Nutznießung.

Das enthält selbstverständlich die Bestimmung, den Gegenstand voll funktionsfähig zu erhalten, ja ihn zu entfalten („anvertraute Talente"). Nutznießung besagt, von den Zinsen, von den Früchten leben, aber nicht von der Substanz. Der Treuhänder kann das Anvertraute nicht einfach verzehren.

Dieses Bewußtsein ist sehr klar vorhanden bei den Vätern der Alten Kirche. Sie bestätigen zunächst einmal den Gesichtspunkt der *Haushalterschaft:* „Das Eigentum hat Gott uns weniger zum Besitz zu eigen gegeben als vielmehr zur Verwaltung anvertraut"[37].

Dabei sind sie sich durchaus dessen bewußt, daß sie hiermit andere Wege gehen als das römische Eigentumsrecht: „Die Herrschaft Gottes stimmt nicht zum römischen *dominium*"[38]. Denn der römisch-rechtliche Eigentumsbegriff bedeutet die absolute Herrschaft über eine Sache und konzediert die Freiheit des Verfügungsrechts bis zum Verderb der Sache. Er schafft ein eigentliches Privateigentum, das so gut wie keine Beschränkungen in bezug auf die Gemeinschaft, noch weniger in bezug auf die Gottesbeziehung kennt[39]. Demgegenüber verbietet die christliche Schau die willkürliche Zerstörung des Besitzes (also auch der anvertrauten Natur).

---

[36] H. Dombois, Evangelium und soziale Strukturen, Witten 1967, S. 26.

[37] Leo d. Gr., Sämtliche Predigten, Bd. I (Bibliothek der Kirchenväter, Bd. 54), München 1927, S. 34.

[38] G. W. Locher, Artikel Eigentum II. Theologiegeschichtlich, ³RRG, Bd. II, Tübingen 1958, Sp. 365.

[39] Vgl. dazu Albert Auer, Der Mensch hat Recht, Graz 1956, S. 304 ff.

Genügsamkeit

Hand in Hand mit der Haushalterschaft geht der Maßstab der *Genügsamkeit* als Regel für den Verbrauch, der den eigenen Bedürfnissen dient. „Wenn wir Nahrung und Kleidung haben, so lasset uns genügen", lehrt der Apostel (1. Tim. 6, 8)[40]. Wer sich nach den natürlichen Bedürfnissen richtet, wird frei von dem Stets-mehr-haben-Wollen, das an der Wurzel unserer Probleme liegt. Er findet damit zugleich den Weg zu der größtmöglichen Schonung der natürlichen Hilfsquellen.

M. Kähler erfaßt daher den Tatbestand christlich richtig, wenn er schreibt: Die „Freiheit gegenüber der Welt und die Vollmacht zum Erwerb der Mittel" gehe zusammen mit der „Pflicht, jenen Erwerb zufrieden und genügsam mit Bescheidenheit und Schonung" vorzunehmen ... „Diese kultivierende oder personifizierende Tätigkeit vollzieht sich unter der Herrschaft der hoffärtigen Weltsucht vielfach maßlos in verbildender und zerstörender Gewaltsamkeit zum eigenen Unheil der Menschen. Die demütige Ehrerbietung vor dem heiligen Schöpfer bedingt statt dessen für den Christen beim Aneignen im Rückblick auf sich selbst die Bescheidenheit und im Ausblick auf die äußeren Gegenstände die Schonung, welche Wesen und Art der Dinge achtet und darum nur für klar erkannte sittliche Zwecke und innerhalb ihrer Erfordernisse angreift und ändert"[41], also beispielsweise für das Überleben des Menschen.

Fürsorge

Die Väter der Alten Kirche spitzen diese Auffassung von Haushalterschaft und Genügsamkeit aber noch zu, indem sie die *Zielrichtung* unseres Verwaltens mitfixieren. Sie knüpfen

[40] Vgl. auch Luk. 12, 29: „Seid mäßig in euren Ansprüchen".

[41] M. Kähler, Die Wissenschaft der christlichen Lehre (1883), Neudruck Neukirchen 1966, S. 565. 567f.

nämlich in ihrer Predigt über den Umgang mit Eigentum weniger an bei dem Gleichnis von den anvertrauten Talenten, als vielmehr an dem ähnlichen, aber noch weiter führenden Gleichniswort Jesu in Matth. 24, 45 f.: „Welcher ist nun ein treuer und kluger Knecht, den der Herr gesetzt hat über sein Gesinde, *daß er ihnen zur rechten Zeit Speise gebe*? Selig ist der Knecht, wenn sein Herr kommt und findet ihn also tun."

Damit ist nicht nur eine schließliche Verantwortung gegenüber dem höchsten Eigentümer ausgedrückt, sondern bereits etwas von dem Inhalt und der Richtung verantwortlichen Umgangs mit dem Besitz kundgegeben: Wer etwas hat, soll es dazu benutzen, seinen Nächsten zu versorgen (anstatt, wie der kontrastierende böse Knecht im Gleichnis Jesu, seine Mitknechte zu schlagen und zu essen und zu trinken mit den Trunkenen). Oder mit einem Buchtitel Thomas Manns („Joseph der Ernährer") gesagt: die Bestimmung des Besitzenden ist es, *Ernährer* zu sein. Sie erschöpft sich nicht in Sachwalterschaft und Umweltschutz, sondern richtet sich auf Fürsorge für den Mitmenschen.

Eben dies führen die Kirchenväter, ohne müde zu werden, stets von neuem aus: Der Reiche ist nur Verwalter eines Vermögens, das Gott gehört.

So predigt Chrysostomus: „Nicht dazu hast du dein Vermögen empfangen, damit du es in Üppigkeit vergeudest, sondern als Gelegenheit zur Freigebigkeit gegen die Armen. Es ist das Eigentum der Armen, das dir anvertraut ist ..."

Also nicht erst Diebstahl wird bestraft werden, sondern schon dies, daß man vom Eigenen nicht mitteilt.

„Du darfst nicht meinen, daß deshalb alles dir gehört, weil dir aus Liebe befohlen wurde, andern mitzuteilen ... Gott will dir Gelegenheit zu guten Werken geben. Wähne (also) nicht, daß du dein Eigentum verteilst; du gibst dem Armen nur das Seine." „Gott hat bei dir ein Kapital investiert, eine Anleihe; die Anleihe ist aber nicht Eigentum des Schuldners, sondern Arbeitsmittel"[42].

[42] Joh. Chrysostomus, Kommentar zum Evangelium des hl. Matthäus,

Rechte Verwendung des Besitzes geht also davon aus: Das Überflüssige ist für den Nächsten da. In eben diesem Sinne erklärt noch die päpstliche Enzyklika „Populorum progressio": Ruhender Besitz soll in die Entwicklungshilfe! Wachstum, „the great God Growth", wie Malcolm Muggeridge spöttisch über die Faszinationskraft des Bruttosozialprodukts sagt, ist hier kein *unbedingter* Gesichtspunkt mehr, sondern nur noch ein durch die Fürsorge bedingter.

Kurzum, Besitz wird im Geltungsbereich der christlichen Maßstäbe nur nach seinem Dienstwert, nicht nach seinem „Darstellungswert" gebraucht[43]. Er dient der Erhaltung der Nebenmenschen, dem Tun der Barmherzigkeit, der Ersten Hilfe, der Versorgung der fundamentalen Bedürfnisse (so im Gleichnis vom Barmherzigen Samariter!).

Mit einer bloßen Vermeidungsmoral („die Natur *nicht* verzehren"), ja selbst mit der Parole „Genügsamkeit" allein läßt sich daher die christliche Haltung noch nicht umschreiben. Auch „Leistung" und „Verzicht" sind keine zutreffenden Alternativen. „Gutes tun. Leben erhalten" (Mark. 3, 4), auch „helfen" umfaßt stets beides. Ebensowenig darf der Naturschutz die Sorge um den Menschen in den Schatten stellen. Der Begriff „Umweltschutz" gehört also unter den umfassenden Oberbegriff „Lebenserhaltung", und der Blickwechsel in der gegenwärtigen Diskussion ist zu begrüßen.

Ziel unseres Handelns ist der Dienst am bedürftigen Nächsten, *Diakonie*. Diakonie bedeutet die konkrete Lebenserhaltung und Existenzsicherung des Nächsten, wie es die großen biblischen Abschnitte Lev. 25, 35 ff., Jes. 58, Matth. 25, 31 ff. lehren.

Wir hören dementsprechend von Euseb, daß die römische Gemeinde im Jahre 250 dauernd 1500 Hilfsbedürftige unterstützte. Ja, der feindselige Julian gibt sogar zu: „Die gottlosen Galiläer ernähren außer ihren eigenen Armen auch noch die unseren", und Aristides schreibt in seiner Apologie

---

Bd. IV (Bibliothek der Kirchenväter, Bd. 27), Kempten und München 1916, S. 78 f.

[43] H. Dombois, a. a. O. (s. Anm. 36), S. 21.

der christlichen Gemeinde: „Wenn jemand unter ihnen arm ist oder in Not gerät, während sie selbst keine überflüssigen Mittel haben, so fasten sie zwei oder drei Tage für ihn. So können sie dem Armen geben, was er an Nahrung braucht"[44].

Am treffendsten faßt die christliche Einstellung das Wort Eph. 4, 28 zusammen, das die verschiedenen Ebenen des Handelns im Aufbau ordnet und die Fürsorge für den Nächsten an ihre Spitze stellt: „Wer gestohlen hat, der stehle nicht mehr, sondern schaffe mit seinen Händen etwas Gutes, auf daß er habe zu geben dem Bedürftigen."

Dasselbe Fürsorgedenken steht auch hinter der Kollekte für Jerusalem (2. Kor. 8, 9), die auf den Lastenausgleich zielt (2. Kor. 8, 13 ff.). Es ist zuletzt wieder aufgenommen worden in dem viel beachteten Satz aus Art. 9 der „Lausanner Verpflichtung" von 1974: „Wer im Wohlstand lebt, muß einen einfachen Lebensstil entwickeln, um großzügiger zur Hilfe und Evangelisation beizutragen."

Haushalterschaft, Genügsamkeit und Fürsorge, das sind die Gesichtspunkte, unter denen der Besitz im christlichen Sinne behandelt wird. Der christliche Umgang mit dem Besitz führt mitten hindurch zwischen der Selbstgefälligkeit des Eigentümers („Reicher Kornbauer!") und dem „Betrug des Reichtums", dem auch der zum Opfer fallen kann, der nichts hat. Es geht darum, „zu haben, als hätte man nicht" (1. Kor. 7, 30 – sozusagen das Motto aller Haushalterschaft!), aber so, daß unsere Mittel wirklich „*Mittel*" sind, Mittel zum Zweck der Fürsorge für Menschen, und nicht Selbstzweck. Dann werden wir „diese Welt gebrauchen, ohne sie zu mißbrauchen" (2. Kor. 7, 31).

Der neuzeitliche Konflikt zwischen dem römisch-rechtlichen Eigentumsbegriff und der christlichen Sicht des Besitzes

Während die Reformation (z. B. Zwingli) die biblisch-alt-

[44] Zitate bei G. W. Locher, a. a. O., Sp. 365f.

kirchliche Relativierung menschlichen Besitzes noch entschieden festhielt („Du darfst dein zeitliches Gut nicht als dein Eigentum betrachten, du bist nur Verwalter darüber"[45]), ist das Abendland in der Neuzeit andere Wege gegangen. Nicht der biblische, sondern *der römisch-rechtliche Eigentumsbegriff ist im öffentlichen Leben beherrschend geworden und liegt an der Wurzel sowohl der sozialen Krisen des 19. Jahrhunderts wie der Umweltkrise der Gegenwart.*

Die Aufnahme des Eigentumsbegriffs des römischen Rechts (vgl. BGB § 903: „Der Eigentümer kann ... mit der Sache nach Belieben verfahren") schafft gegenüber dem stark gemeinschaftlich denkenden germanischen und mittelalterlich-deutschen Recht die Bedingungen für die Entwicklung des Früh-Kapitalismus. Der industrielle Unternehmer ist nun niemandem mehr Rechenschaft schuldig, wie er mit seinem Besitz umgeht, ob er beispielsweise seine Fabrik arbeiten oder schließen läßt, um woanders größeren Gewinn zu erzielen. Ein berüchtigtes Beispiel dafür aus neuerer Zeit ist die konjunkturbedingte Stillegung von Bergwerken in Wales, die für die lokale Arbeiterschaft den Beginn einer langen Periode von Arbeitslosigkeit bedeutete.

Schon früher machte sich die Privatisierung des Bodens in Großbritannien durch Teuerung und Massenelend bemerkbar, weil weite Gebiete vormaligen Ackerlandes nun dem Jagdvergnügen oder der lukrativeren Schafzucht und Wollproduktion zugeführt wurden.

Karl Marx hat die weitere Entwicklung der Privatisierung des Grundbesitzes bis zur Verwandlung des Bodens in Ware und Geldwert im 19. Jahrhundert scharf kritisiert[46]. Er sah offenbar im römisch-rechtlichen Eigentumsbegriff nicht nur – wie wir soeben – die Ermöglichung, sondern ebenso die Grenze des Kapitalismus, an der die ständig weiter gewachsenen Produktionskräfte die bestehenden (rechtlichen) Pro-

[45] Zitiert bei G. W. Locher, ebenda. Vgl. G. W. Locher, Der Eigentumsbegriff als Problem evangelischer Theologie, ²Zürich-Stuttgart 1962, S. 34f. und 53 (Anm. 83); über das römische Recht S. 71 (Anm. 17).

[46] A. a. O. (s. Anm. 34) MEGA I, 3, S. 77ff.

duktionsverhältnisse revolutionär sprengen müssen.
Es ist aber ein wenig beachtetes Ruhmesblatt in der Geschichte der Christenheit im 19. Jahrhundert, daß die Christlich-Sozialen, anschließend an Franz von Baader, im Zeitraum der Befestigung der Herrschaft des Kapitalismus den ihm zugrundeliegenden römischen Eigentumsbegriff öffentlich bekämpften[47]. Sie erkannten, daß die ganze Entwicklung der Neuzeit, selbst die Revolutionen, das Privateigentum für unverletzlich erklärt und den Kapitalismus gestärkt hatten. Aber für sie war der liberale Eigentumsbegriff heidnisch. Sie verlangten ihm gegenüber wieder die Verantwortung des Besitzers über die Verwendung des ihm Anvertrauten.
W. Elert hat in seiner „Ethik" diesen Überlegungen neu Ausdruck gegeben: „Die Rechtsordnungen der modernen Staaten schützen zwar fast sämtlich das Privateigentum unter Annahme des römisch-rechtlichen Eigentumsbegriffs." Aber Naturrecht gehe über positives menschliches Recht. „Wollte einer sein Eigentumsrecht z. B. an einer Viehherde dazu benützen, sie zu vernichten, ohne sie nutzbar zu machen, so vernichtete er damit auch ein Gut der Volksgesamtheit, selbst wenn diese keine gesetzlich begründeten Einwendungen erheben könnte." Das Recht des Privateigentums muß also ausdrücklich beschränkt werden, und zwar insofern, als die Erhaltung des Lebens anderer zu berücksichtigen ist. Elert schließt pointiert: „Durch das 7. Gebot wird also nicht schlechthin das Privateigentum, sondern der Nächste geschützt"[48].
Man kann sich dem Eindruck nicht entziehen, daß jener selbstherrliche Eigentumsbegriff auch die heutige Umweltkrise verursacht hat und deshalb auch hier durch die christliche Lehre abermals bekämpft werden muß. Heute greift er nicht nur nach Grund und Boden, sondern auch nach Wasser

---

[47] Vgl. W. Lütgert, Die Religion des deutschen Idealismus und ihr Ende, Bd. IV: Das Ende des Idealismus im Zeitalter Bismarcks, Beitr. z. Förd. chr. Theol. II, Bd. 21, Gütersloh 1930, S. 91ff.

[48] Das christliche Ethos, ²Hamburg 1961, S. 170.

und Luft als den anderen Grund-Lebensmitteln, von denen die Allgemeinheit abhängig ist. Mit den zunehmenden technischen Fähigkeiten des Menschen rückt die ganze Natur in den Bereich der Gegenstände, derer sich das Gewinnstreben bemächtigt.

Wir wissen überdies inzwischen, daß auch eine Kollektivierung des Eigentums Raubbau und Zerstörung nicht notwendig eliminiert. Es gibt nicht nur selbstherrliche einzelne, sondern auch ein selbstherrliches Kollektiv. Ganze Staaten möchten den römisch-rechtlichen Eigentumsbegriff vielleicht ebenso brauchbar finden wie natürliche Personen. Mit der Schöpfung geht letzten Endes nur der behutsam um, der den Schöpfer respektiert und fürchtet.

Deshalb liegt das eigentliche Problem in der Gesinnung menschlicher Selbstherrschaft, die mit der Aufklärung herrschend geworden ist. Sie übernimmt das jüdisch-christliche Erbe, die Überwindung des Animismus, die durch die Proklamation der Alleinherrschaft Gottes begründet wird, ohne von dieser Herrschaft Gottes etwas wissen zu wollen. Sie übernimmt die Überlegenheit und Rechte des Menschen, aber nicht seine Pflichten gegenüber der Natur.

So wird für den aufgeklärten Menschen die Natur vom Gegenstand zum Objekt, über das er gemäß dem römisch-rechtlichen Eigentumsbegriff verfügt. Die Selbstherrlichkeit des Menschen als Ursache und der Eigentumsbegriff des römischen Rechts als ihr Instrument (und ihre theoretische Rechtfertigung!) im Umgang mit der gegenständlichen Welt liegen zum Greifen deutlich an der Wurzel der totalen Ausbeutung der Natur als neuzeitlicher Haltung, die in bezug auf das Objekt keine Verantwortung mehr kennt und bis zu seinem Verzehr fortschreitet. Haushalterschaft rechnet demgegenüber mit Rechnungslegung und Verantwortung, Gärtner und Heger haben Rechte und Pflichten, und Jesus stellt dem Verzehrer den Ernährer gegenüber.

Fern davon, die Umweltzerstörung zu motivieren, ist das Christentum gerade die Basis, auf der ihr ein Ende bereitet wird.

4. Erhalten und Heilen

Wenn von den christlichen Maßstäben im Umgang mit der Schöpfung die Rede war, so muß noch eine letzte Feststellung gemacht werden, die geeignet ist, den Auftrag zur Erhaltung zu erweitern und noch mehr zu erhellen. Wir haben die Wiederaufnahme des Erhaltungsauftrags in der Ethik Jesu konstatiert; Jesus parallelisiert „Gutes tun" und „Leben erhalten" (Mark. 3, 4). In diesem Zusammenhang muß aber auffallen, daß der Begriff „Leben erhalten" noch näher bestimmt wird durch den Vergleich mit dem Schaf, das in den Brunnen gefallen ist und gewiß auch von den Pharisäern alsbald herausgezogen und gerettet werde, obgleich sich der Zwischenfall an einem Sabbat ereignet hat, an dem man nicht arbeiten soll (Matth. 12, 11).

„Leben erhalten" bedeutet hier nicht mehr soviel wie „bewahren" (Gen. 2, 15), nicht mehr nur das stetige, ruhige Tun des Gärtners und Hegers, sondern aktuell „Leben retten". Entsprechend steht im Kontext von Matth. 12, 9 ff. „Gutes tun" parallel zu „heilen". Ebenso verhält es sich, wenn Jesus auf die Frage nach dem konkreten Inhalt der Ethik (der Nächstenliebe) mit dem Gleichnis vom Barmherzigen Samariter antwortet: auch hier sind „Leben retten" und „heilen" Inhalt des gebotenen Tuns.

Damit wird die Alternative von Zerstören und Stehenlassen, Verletzen und Nichtverletzen, die ja auch in der Umweltschutzdebatte eine Rolle spielt, überboten: „Erhaltung" im Sinne Jesu bedeutet nicht nur die *Bewahrung* des vorhandenen, sondern die *Rettung* des bedrohten Lebens, ein heilendes, wiederherstellendes Handeln, also eine Art Potenzierung des ursprünglichen Bewahrungsauftrags an den Menschen. Das wird gesagt in voller Anerkennung der Tatsache, daß schon zwischen Zerstören und Erhalten eine Wende, nämlich die Befreiung von der Selbstsucht liegt. Denn Erhalten ist bereits mehr als Nicht-Zerstören. Aber Heilen ist noch mehr als Erhalten.

Dieses „wiederherstellende Handeln" ist in besonderem

Maße Charakteristikum des Lebens Jesu gewesen. Er sagt von sich selbst gleich zu Anfang seiner Tätigkeit, Gott habe ihn gesandt, „zu heilen die zerstoßenen Herzen“ (Luk. 4, 18). In der Begegnung mit Zachäus dem Zöllner bestätigt er: „Des Menschen Sohn ist gekommen, zu suchen und zu retten, was verloren ist“ (Luk. 19, 10). Die Apostel beziehen auf ihn das Prophetenwort: „Das zerstoßene Rohr wird er nicht zerbrechen“ (Matth. 12, 20) und reden von ihm als von dem, „der umherging, Gutes zu tun und zu heilen“ (Apg. 10, 38). Hier stehen beide Begriffe wieder nebeneinander! Ein Spitzensatz dieser Charakterisierung Jesu ist die grammatisch nicht leicht aufzulösende Stelle (Luk. 5, 17), die aber die Zürcher Bibel sicher richtig übersetzt mit den Worten: „Die Kraft des Herrn in ihm war darauf gerichtet zu heilen.“

Jesus ist also nicht nur selbst der Prototyp des Ernährers, in dessen Umgebung die Herrschaft Gottes mit der völligen Befriedigung der Bedürfnisse schon vorwegnehmend realisiert wird („Habt ihr je Mangel gehabt?“ – „Niemals!“, Luk. 22, 35), sondern über Fürsorge und Bewahrung hinaus der „Heiland“, der den ursprünglichen Zustand („und siehe, es war alles sehr gut“) wiederherstellt. Er heilt das Verhältnis des Menschen zur Kreatur (Matth. 12, 11!), zum Mitmenschen (Zachäus!) und zu Gott. Sein Tun ist ein Stück der *göttlichen* Erhaltung der Welt, die nicht nur in deren Bewahrung, sondern in ihrer Erneuerung (Ps. 104, 30) besteht.

Er „half jedermann“ (Luk. 5, 17) und „machte gesund, die dessen bedurften“ (Luk. 9, 11). Deshalb gilt auch für ihn die über das Bild von Gärtner und Heger hinausführende neue Bezeichnung „Arzt“ (Luk. 4, 23).

Der Arzt ist für die Kranken da (Luk. 5, 31), und der Heiland besonders für die Schwachen, Unterdrückten und Bekümmerten. Ihn zeichnet vor allem Barmherzigkeit aus. Vielleicht darf man sagen, daß beide Tätigkeiten „bewahren“ und „heilen“ im biblischen Bilde des *Hirten* zusammengefaßt sind: Sach. 11, 16 spricht von den Hirten, die sowohl „das Zerbrochene heilen“ als auch „das Gesunde versorgen“

sollten. So haben die Christen der alten Zeit Jesus vor allem als den *Guten Hirten* und als den *Arzt* gesehen.
Wiewohl er allen hilft und überall heilt, steht doch die Fülle der Wiederherstellung der Schöpfung noch aus. Aber die Bibel lehrt, daß sich auch die nicht-menschliche Kreatur nach jener Zukunft nicht nur sehnt, sondern daß sie dazu befreit wird (Röm. 8, 21) und daß der Messias durch den Strom, der einmal unter dem Altar des Tempels in Jerusalem entspringen soll, selbst das Tote Meer heilen wird (Hes. 47, 8–12).
Es bleibt noch festzuhalten, daß diese die Bewahrung überbietende Wiederherstellung nicht nur Amt Christi ist, sondern daß er selbst dazu auch seine Jünger beruft. Die Zwölf werden ausgesandt, das Evangelium zu verkündigen und „allerlei Seuche und Krankheit zu heilen" (Matth. 10, 1. 8). „Wie mich der Vater gesandt hat, also sende ich euch" (Joh. 20, 21). Wenn schon die Zielsetzung des Heilens so bezeichnend für Jesus ist, wie sollte sie nicht auch seine Nachfolger bestimmen! Er macht sie zu seinen *Heilgehilfen,* denen Anteil gegeben ist an Gottes Heilswerk mit der Schöpfung: der Natur und dem Menschen.
Das also ist, christlich gesehen, die Aufgabe des Christen gegenüber der Schöpfung: *helfen* = hegen und heilen.

Umweltschutz – Lebenserhaltung: Die christlichen Motive

1. Die Notwendigkeit der Frage nach der Motivation

Die im 1. Kapitel beschriebenen prominenten Äußerungen zur Umwelt- und Wachstumskrise weisen oft mit erstaunlicher Eindeutigkeit auf eine Notwendigkeit der Änderung im Verhalten des Menschen selbst hin, wenn die Menschheit den tödlichen Folgen ihrer bisherigen Handlungsweisen entgehen will. Aurelio Peccei, der italienische Industrielle und Präsident des Club of Rome, findet besonders kräftige Worte:

„Je weiter wir auf diesem Wege vorankommen, desto klarer werden wir vielleicht erkennen, daß der Mensch viel besser werden muß, wenn er das nächste Jahrhundert erleben will."

Angesichts der von ihm klar erkannten „Unersättlichkeit" der gegenwärtigen Gesellschaft fordert er:

„Etwas Tiefgreifendes und Umfassendes muß geschehen ... eine Revolution, die unser individuelles und kollektives Urteil und Verhalten verändert ... Der Club of Rome hat immer die Ansicht vertreten, daß eine von der breiten Masse der Menschen getragene Änderung des Denkens und Fühlens notwendig ist, ... eine kulturelle und gesellschaftliche Metamorphose, die sich auf das weitverbreitete Bewußtsein gründen muß, daß ein Richtungswechsel unabdingbar geworden ist ..."[49]

Das sind notwendige Einsichten, die mit ihrer Deutlichkeit

---

[49] Bei Oltmans, a. a. O. (s. Anmerk. 5), S. 189. 187f. 178f.

den allgemeinen Nebel der Selbstsucht und Gleichgültigkeit wohltuend durchschneiden. Aber die Forderungen nach „grundsätzlicher Änderung der Wert- und Zielvorstellungen" (Meadows) hängen solange in der Luft, solange nicht zugleich die Frage nach den neuen *Motiven* mitbeantwortet wird. Die von uns zuletzt zitierten Sätze – und viele andere – gehen alle auf die Melodie „ist notwendig ... muß ... muß ... muß." In der ganzen Umwelt-Literatur wird die Frage nach der Möglichkeit einer solchen Änderung so gut wie gar nicht in den Blick genommen, auch nicht bei denen, die die notwendigen neuen Maßstäbe und Normen eines lebenserhaltenden Handelns am weitesten durchdacht haben. Lediglich Meadows besinnt sich einmal und scheint zu ahnen, daß hier noch erst das größere Problem auf ihn wartet: „Selbstverständlich ist es nicht sicher, ob die moralische Kraft des Menschen ausreicht ..."[50], und der zweite Bericht des Club of Rome spricht in Analogie zu den Grenzen, die dem materiellen Wachstum durch die begrenzten Rohstoffvorräte gesetzt sind, von den „inneren Grenzen"[51], d. h. den psychologischen und moralischen Schranken des gegenwärtigen Menschen, – den Grenzen des guten Willens.

Aber – wie sollen diese Blockierungen überwunden werden, woher kommt die Energie zur Verwirklichung der Forderungen nach Selbstlosigkeit, Verzicht, Fürsorge, denen man zustimmen muß?

Wenn der zweite Bericht des Club of Rome hierzu etwa sagt: „Der Zwang der grimmigen Tatsachen wird den Einsichtswilligen und Tatkräftigen den Rücken stärken müssen"[52], dann kommen einem doppelt Bedenken: Was geschieht mit den Verstockten und den Gleichgültigen? Aber vor allem: Angst vor der Katastrophe, auf die offenbar auch Amery seine Hoffnung setzt, reicht als Motivation zum Tun des Guten nicht aus.

Man wird sich langsam dessen bewußt, daß der mit dieser

---

[50] A. a. O. (s. Anm. 4), S. 160.

[51] A. a. O. (s. Anm. 7), S. 139.

[52] Ebenda, S. 17.

Entwicklung kommende Mangel und das Verderben nicht alle gleichzeitig und gleichermaßen trifft. So ist damit zu rechnen, daß die einzelnen weiter versuchen, sich zu bereichern, solange es ihre Situation noch zuläßt, auch wenn andere bereits leiden und sterben.

Aber nicht erst das Bereicherungsstreben, sondern schon die Suche nach Sicherheit angesichts des Drucks – eben dem der „grimmigen Tatsachen" – fördert die Isolierung („Rette sich, wer kann!") und ist durchaus kein Antrieb zur Solidarität, weder im kleinen Kreise noch im übernationalen Bereich.

Wir sind faktisch alle voneinander abhängig, und dennoch nimmt der Provinzialismus unserer Gesinnung zu. Die kaum verflossene Ölversorgungskrise liefert ein frisches Beispiel: Da versuchte selbst manches Mitglied der Europäischen Gemeinschaft eilig mit bilateralen Verträgen seine Energielage zu sichern. Nicht die Brüderlichkeit kommt in der Not selbstverständlich zur Geltung, vielmehr – und besonders schnell in einer materialistisch gewordenen Gesellschaft, in der Haben, nicht Helfen groß geschrieben wird – das Gesetz des Dschungels, die Maxime: Der Teufel hole den Letzten.

Der Wink mit der Angst ist nichts anderes als eine bloße Verlagerung der Selbstsucht, die das Problem ursprünglich schuf.

Wir brauchen eine Weltzivilisation, in der Nationen wie einzelne füreinander sorgen. Das Problem des Nationalismus besteht in den Millionen einzelner Menschen, die sich zu kleine Ziele gesetzt haben. So wenig Interesse sie als einzelne, als Familie, als Kommunen usw. an ihren Nächsten nehmen, so wenig tun sie es als Nationen. Wie kann das anders werden?

2. Zweierlei Impulse: Gesetz und Gewissen

Das Auf-den-anderen-gerichtet-Sein, die Bereitschaft zu den Aufgaben, die dem „Ernährer" und „Hirten" im Bereich der menschlichen Gesellschaft zufallen, und die Bereitschaft zu einem dementsprechenden Verzicht auf Selbstverwirklichung und Selbststeigerung ist nur möglich aufgrund einer Motivation, die wir nicht in uns haben und deshalb nur freisetzen müßten, sondern die von außen kommen muß, und zwar in doppeltem Sinne. Das notwendige, richtige, heilende Verhalten wird auf zwei Wegen veranlaßt, durch *Gesetze,* die von außen an den Menschen herantretend das Böse verhindern, und durch eine sittliche Kraft und Überzeugung, die, in Herz und Gewissen des Menschen eingepflanzt, das Gute verwirklicht.

Martin Luther King hat, vor einer ähnlichen Frage stehend, dern, und durch eine sittliche Kraft und *Überzeugung,* die, in Rassenvorurteile gefordert und einander zugeordnet. Er schrieb: „Wir wollen niemals der Versuchung erliegen zu glauben, daß Gesetze und Erlasse für die Lösung dieses Problems unwichtig wären. Moral kann nicht verfügt, doch Verhaltensweisen können vorgeschrieben werden. Erlasse ändern vielleicht nicht das Herz, aber sie können das Benehmen des Herzlosen bändigen ... Andererseits müssen wir aber auch zugeben, daß die Rassenfrage erst gelöst werden kann, wenn die Menschen willens werden, dem nicht Erzwingbaren zu gehorchen." Gesetze und Gerichtsurteile verbieten zerstörerisches Handeln, aber „Furcht, Vorurteile, Stolz und Unvernunft, die wirklichen Hindernisse" auf dem Weg zu einer gerechten Gesellschaft können sie nicht überwinden. Dazu brauche es eine „innere, geistliche Umwandlung", aufgrund deren es zu verantwortlichem, brüderlichem Handeln kommt und – wie King am Beispiel des Barmherzigen Samariters beschreibt – zu einer „so vollkommenen Barmherzigkeit und einer so bedingungslosen Nächstenliebe", wie sie kein Gesetz der Welt erreichen könne[53].

Zur Verwirklichung des guten Handelns gehen äußere und innere Motivation, Gesetz und Gewissen, Hand in Hand. Es ist geboten, daß man sich auch in christlichen Kreisen der Notwendigkeit der Schaffung entsprechender („Strukturen" schaffender) *Gesetze* zur Bewältigung der Umwelt- und Ver-

---

[53] M. L. King, Kraft zu lieben, Konstanz 1964, S. 44f. 13.

Korrektur

Leider ist auf Seite 40 dieses Buches eine Zeile vertauscht. Die drei ersten Zeilen nach dem ersten Absatz müssen lauten:

Martin Luther King hat, vor einer ähnlichen Frage stehend, diese beiden Motive im Kampf um die Überwindung der Rassenvorurteile gefordert und einander zugeordnet. Er ...

sorgungskrisen bewußt macht. Der Auftrag zur Erhaltung der Schöpfung und das Mittel des Gesetzes gehören, biblisch gesehen, sogar unmittelbar zusammen. Gott erhält seine Schöpfung nicht zuletzt durch das Schöpfungsgesetz, das in den Zehn Geboten seinen deutlichsten Ausdruck findet. Auch im eschatologischen Horizont wird die Verbindung von Gesetz und Erhaltung deutlich. Der eschatologische Zusammenbruch der Schöpfung geht einher mit einer Zunahme der Gesetzlosigkeit unter den Menschen (Matth. 24, 12). Ein Text wie 2. Thess. 2, 6 f., der ebenfalls von der Gesetzlosigkeit der Endzeit spricht, läßt darauf schließen, daß das Gesetz dasjenige ist, was den Zusammenbruch noch verhindert, also der Erhaltung dient. Wo es kein Gesetz mehr gibt, hindert nichts mehr die Hybris des Menschen, der nicht mehr Haushalter sein will.

So sehr das Gesetz erkennbar nur negativen Charakter hat, indem es verbietend das Böse verhindert, so wenig darf uns einfallen, es deswegen geringzuschätzen.

Im Deutschen Bundestag haben letzthin bei der Debatte über die Streichung des Abtreibungsparagraphen und die darin liegende starke Reduktion des Gesetzes einige protestantische Abgeordnete der Befürworterseite gemeint, für diese Dinge sei nicht das Gesetz, sondern das Gewissen zuständig – ein neues Zeugnis der alten protestantischen Neigung zum Antinomismus! Wir können nur hoffen, daß nicht das gleiche Argument die Köpfe verwirrt, wenn es um die Schaffung guter Gesetze für den Umweltschutz geht. Er ist eben nicht nur Gewissenssache des produzierenden und die Umwelt verschmutzenden Individuums. Vielmehr beweist sich in beiden Fällen die Richtigkeit des Naturrechts als eines Rechtes, das der Natur und dem Leben entgegen ihrer Gefährdung oder Vernichtung zusteht, ohne Rücksicht auf das zufällige und beschränkte Maß der Einsicht des einzelnen. Wo dieser die Herrschaft eingeräumt bekommt, ist man auf dem Wege zur Anarchie und zum Chaos[54].

[54] Vgl. hierzu mein Buch „Gott im Exil?“, Wuppertal 1975, S. 166 ff.

Gesetze schaffen einen Minimalkonsensus in bezug auf sozial erforderliches Verhalten und verhindern das Schlimmste, aber sie regen das Gute nicht an. Es ist vollkommen deutlich, daß selbst die besten Gesetze, unterstützt durch einen beliebig großen Einsatz von Polizei, nicht wirksam werden können, wenn sie nicht von der Bevölkerung akzeptiert sind und getragen werden.

Zum Gesetz muß das Gewissen, die innere Überzeugung treten. Wo keine Eigenverantwortung mehr besteht, ist ein Land auf die Dauer ohne Diktatur nicht regierbar. Das ist auch gegen diejenigen Umweltschützer zu sagen, die den erkannten Problemen allein mit Gesetzen und Verordnungen beikommen wollen.

Es wird zu teuer, den Egoismus nur in seinen Auswirkungen zu bekämpfen. Wer dennoch allein mit administrativen Mitteln eine Regelung zu erzwingen trachtet, befindet sich bereits auf dem Wege zur Tyrannei. Auf diesem Wege sehen wir heute tatsächlich eine ganze Reihe von Umweltschutzautoren und Wachstumskritikern, die eine freiwillige Änderung menschlichen Verhaltens aufgrund neuer Normen und neuer Motive für unmöglich halten.

Gerade wo es um Verzicht auf Verzehr geht, also um Opfer, ist es sehr schwer, äußere gesetzliche Forderungen zu stellen, denen nicht durch einen Wandel der inneren Gesinnung der Boden bereitet ist. Wir sehen dies schon an der Unmöglichkeit, die reale Entwicklungshilfe zu steigern, solange sie nicht stärker in der Überzeugung der Bevölkerung verankert ist. Das Fehlen einer vorausgehenden Bewußtseinsänderung ist es, was uns eine unpopuläre Gesetzesmaßnahme als unerträglich-diktatorisch empfinden läßt.

Der Marxismus stellt einen Versuch dar, mit dem römischrechtlichen Eigentumsbegriff, der Besitzauffassung des natürlichen Menschen, direkt auf dem Wege des Gesetzes fertig zu werden. Der einzelne soll dann theoretisch der „Haushalter" der Gesamtgesellschaft sein. Aber das geht, da der

„alte" Mensch in seinem individualistischen Egoismus das Kollektiv nicht als Autorität anerkennt, nur mit mehr oder weniger Tyrannei. Man bleibt im Rahmen der problematischen „Außensteuerung", mit der sich nur ein gewisses, nicht befriedigendes Entwicklungsniveau erreichen läßt, während die hochgesteckten Ideale menschlicher Solidarität eine Änderung des Herzens voraussetzen.

Die ökologische Krise verlangt Selbstlosigkeit, Zurückhaltung statt grenzenloser Gier, sowohl hinsichtlich des Abbaus der Vorräte wie hinsichtlich der Umweltverschmutzung. Die Versorgungskrise verlangt die Bereitschaft zu Verzicht und Hergabe und eine Motivation zur Diakonie: eine doppelte Überwindung des Egoismus. Wo aber desgleichen gefordert ist, ist die materialistische Weltanschauung (im Osten wie im Westen, als theoretische oder als bloß praktische Orientierung) unbrauchbar, ja hinderlich.

Einer inneren, selbständigen Motivierung bedarf es auch deshalb, weil die Themen Umweltschutz und globale Fürsorge wie ein äußerlicher Wind der Meinung vorübergehen können, man sieht das bei der geringsten Einkommensrezession. Entscheidend sind dann die inneren Antriebe, die das notwendige Handeln auch dann noch bestimmen, wenn es nicht mehr Mode ist, sondern Abstumpfung und Leichtsinn herrschen.

Wenn die Gesellschaft um uns herum den entgegengesetzten Weg geht, wenn viele ihr Verhalten nicht ändern wollen, versinkt derjenige leicht in Resignation und Verzweiflung, der zwar das Notwendige einmal erkannt hat, aber nicht die unabhängige Motivation empfing, die weder durch eigene Wünsche noch durch Mitmenschen falsch zu beeinflussen ist.

Die Wichtigkeit der inneren Überzeugung über das Gesetz hinaus gilt zudem – das muß festgehalten werden – nicht nur für den einzelnen, – so daß für das Zustandekommen gemeinsamer Entscheidungen einer Gruppe oder Kommune nur die Gesetze infrage kämen. Nicht nur addiert sich oft das Handeln vieler einzelner zu einem sozialen Problem (denken wir in diesem Zusammenhang an das großzügige Sprengen des eigenen Rasens bei anhaltender Sommerdürre, und an die Verschmutzungen, durch die eine große Menschenansammlung ein Gelände unwirtlich machen kann!), auch das Verhalten der Aufsichtsräte wird nicht durch anonyme, geradezu mythische Marktgesetze bestimmt, – ebensowenig wie die Entscheidungen der Parlamente in der Abtreibungsfrage. Zumindest gibt es aktuelle Beispiele, in denen durch die Überzeugungsarbeit Einzelner Handelsabsprachen und Arbeitsverträge großer gesellschaftlicher Gruppen zustandekamen, die nicht von der Raffgier des Stärkeren, sondern von dem Wissen um den Fürsorgeauftrag diktiert sind[55].

Wir brauchen also beides, Gesetz und Überzeugung, weil das Gesetz allein zur Diktatur, die Überzeugung wegen ihrer primären Individualität zum Anarchismus führt. Gesetz und Gewissen, soziale Regelung und persönliches Engagement müssen zusammengehen. Einzelnes, korporatives und institutionelles Handeln dürfen nicht gegeneinander ausgespielt werden, und der sicherste Weg zu einer erfolgreichen Reform verlangt das Handeln auf allen drei Ebenen[56].

3. Dahinter: die Gottesfrage

Sowohl die Umweltdebatte als auch die Versorgungskrise führen zu der Notwendigkeit einer Änderung des Menschen, – also mitten in das Herz der christlichen Botschaft. Änderung der Normen und neue, selbstlose Motive, damit

[55] Vgl. dazu u. a. S. Cook und G. Lean, Das Schwarz-Weiß-Buch, Wuppertal 1972, S. 63.

[56] Diese drei Ebenen faßt auch Francis Schaeffer ins Auge. Ein hervorragendes praktisches Beispiel für dieses mehrdimensionale Vorgehen bietet der Kampf um die Sklavenbefreiung Anfang des 19. Jahrhunderts, vgl. G. Lean, Wilberforce — Lehrstück christlicher Sozialreform, Theologie und Dienst H. 3, Gießen u. Basel 1974.

ließe sich sehr wohl andeuten, was das Christentum unter Neuschöpfung und Wiedergeburt nach ihren äußeren Wirkungen versteht. Erst eine solche Umwandlung des Menschen, wie Gott sie schafft, bringt die notwendige innere Überzeugung und Motivation zum Guten zustande.

Die Lehre von der Wiedergeburt ist ein Zentralthema der biblischen Botschaft. Deshalb hat die Christenheit an dieser Stelle den dringenden Auftrag, ein weiterführendes Wort zu sagen. Insbesondere der Pietismus, seit seinen Anfängen bewußter Vertreter und Verfechter dieses Lehrkapitels, müßte die Gelegenheit dieser öffentlichen Fragestellung benutzen. Ebenso könnte er mit seiner ethischen Gesinnung und seiner Affinität zur Askese, die man etwa bei Luther nicht in erster Linie sucht, in den Fragen der Umweltkrise, der Inflation und der Versorgung der Ärmsten entscheidende Wegweisung geben. Aus seiner eigenen Geschichte wäre der Zusammenhang zwischen persönlicher Entscheidung und weltweiter Wohlfahrtswirkung erweisbar, und er könnte zeigen, daß umgewandelte Menschen, und seien sie nur in der Minderheit kleiner vorbildlicher Gruppen vorhanden, das wahre Fundament für Frieden und Förderung des Nächsten auch im globalen Maßstabe darstellen. Er könnte sich auch heute wieder umfassend in der Lebenserhaltung engagieren und Beispiele geben, durch die er in der Öffentlichkeit Einfluß gewönne. Darf man hoffen, daß die Christen allgemein diese Möglichkeit wahrnehmen?

Umweltschutz und Versorgungskrise sind christliche Themen ersten Ranges, weil sie den Blick auf die tieferen geistlichen Notwendigkeiten weiterleiten. Der Christ weiß, daß eine solche Umwandlung des Menschen, wie sie heute auch von glaubensmäßig gleichgültigen Autoren gefordert wird, „von außen kommen muß“. Wie wir oben sagten: Gott kann den Menschen ändern, der Mensch kann das nicht selbst. So wirft die Frage nach der Möglichkeit der Änderung des Menschen sofort die Gottesfrage auf. Genesis 3 lehrt uns, daß der Kampf des Menschen mit der Natur, ihr das Nötigste abzuringen, Folge der Zerstörung seiner Gemeinschaft mit Gott ist. Die Wiederherstellung dieser Gemeinschaft wird auch in seinen Umgang mit der Natur wieder Frieden bringen.

Die Loyalität zum Schöpfer ist das zuverlässigste Motiv zum sorgsamen Umgang mit der Schöpfung. Wer sich zudem von Gott versorgt weiß („Alle eure Sorge werfet auf ihn, denn er sorgt für euch", 1. Petr. 5, 7, vgl. Matth. 6, 33), der braucht sich nicht mit Versorgungsgütern einzudecken, die er in panischer Angst der Natur entreißt. Er kann Maß halten, weil er sich gehalten weiß. Unser Wohlstandsstreben, das nicht aus christlicher Wurzel stammt, hat uns so benommen gemacht, daß wir nicht mehr sehen, wie sehr der Besitzmaterialismus dem Geiste Jesu aufs äußerste widerspricht. Er ist ein Zeugnis praktischer Gottlosigkeit. Demgegenüber gehen Genügsamkeit und Vertrauen zu Gott Hand in Hand. Das 1. Gebot ist axiomatisch auch für den Umgang mit der Schöpfung.

Die Verantwortung vor Gott ist Quelle nicht nur von Richtlinien, sondern auch von Rückfragen: Wie bist du mit dem anvertrauten Gut umgegangen? Wie hast du geholfen?

Haushalterschaft ist eine direkte Konsequenz aus dem Grundsatz der *Herrschaft Gottes*, und zwar in den „Ordnungen", d. h. im Bereich der Schöpfung. Pflege, Heilung und Entfaltung des Anvertrauten bezeichnen eine erste Ebene, auf der die Herrschaft Gottes realisiert wird. Wer die Verwirklichung des Willens Gottes nicht mehr als einen derart konkreten Auftrag betrachtet, der hat den Weg zur Selbstherrlichkeit des Menschen schon zu gehen begonnen.

Hier also heißt es eintreten für die Herrschaft Gottes, dafür, Gott wieder als einen lebendigen zu behandeln. Anders gesagt: Es geht vor allem darum, den Menschen wieder in diese lebendige Beziehung zu Gott zu bringen. Das ist die eigentliche Aufgabe der Kirche jeder Zeit, und so auch heute. Sie muß verkündigen: „Für Gottes Herrschaft! – Gegen die eingebildete Herrschaft des Menschen!" Wir stehen je länger je mehr vor der einfachen Alternative: entweder Gottes Erde oder des Menschen Hölle. Wir müssen uns Gott wieder unterordnen, für ihn haushalten.

So schrieb Hermann Kutter um die Jahrhundertwende: „Die Gottesfrage ist noch wichtiger als die soziale Frage. *Gott* ist die soziale Frage!"

Genau das ist jetzt wieder zu sehen. Daß die aktuellen Fragen der Umwelt- und Ernährungskrise alle auf die Gottesfrage hinauslaufen, ist nur die Kehrseite der Tatsache, daß diese Krisen, wie wir sie gesehen haben, aus der Aufkündigung der Herrschaft Gottes und der Verselbständigung des Menschen herrühren. *Wir müssen die Entscheidung für den Säkularismus zurücknehmen,* wenn wir am Leben bleiben wollen.

Die neue Entwicklung zeigt zugleich die Torheit der Losung vom „mündigen Menschen" und seiner Freude an der „Stadt ohne Gott". Kaum ist sein Jubel verklungen, da begreift er schon die Unwirtlichkeit seiner Städte, und der allgemeine Bankrott steht ihm vor der Tür.

Dementgegen müssen wir wieder zu entdecken suchen, was Herrschaft Gottes heute bedeutet. Sie ist das zentrale Thema der Christenheit und muß es in einem Zeitalter des Atheismus und weltweiter Rebellion gegen Gott besonders sein. Darin wird die Wohlfahrt der Welt zutiefst gewährleistet, denn allein „das Evangelium von dem Reich" (Matth. 24,14) bringt den Typ des „Ernährers" vor, von dem wir gesprochen haben. Ohne die Wirkungen dieses Evangeliums kann keine Zivilisation – auch nicht die heute entstehende Weltzivilisation – für längere Zeit bestehen.

Schluß:

Eine aktuelle Anfrage an die Christenheit

Von überall her ertönt die Forderung nach Erneuerung und Umkehr der Menschheit von ihren bisherigen Zielen und Praktiken. Wir vernehmen sie heute nicht nur von den großen Schriftstellern des Ostens wie Solschenizyn und Maximow, sondern auch von den über ihre Tagesarbeit hinausschauenden Philosophen, Physikern, Systemanalytikern und Wirtschaftsführern des Westens.

Die Erwartung der Besten unter ihnen richtet sich dabei noch auf die Christenheit, wegen der ursprünglichen ethischen Kraft ihrer Botschaft. Sie hoffen, unter den Christen für ihren Ruf nach Änderung zuerst Gehör und Unterstützung zu finden.

Vor Jahren schaute der große Ökonom Wilhelm Röpke, besorgt über die wirtschaftlichen Entwicklungen in unserer Zeit und ihre Wurzeln im Zerfall des Ethos, in diese Richtung.

Noch erschütternder ist der Hilferuf, den Karl Jaspers 1956 unter dem Eindruck der Bedrohung der Menschheit durch die Atombombe an die Christenheit richtete: „Jetzt – vor dem Äußersten – liegt in der Kirche, soweit ihnen Angehörende noch Gläubige sind, vielleicht die größte Möglichkeit ... Denn die biblische Religion birgt in sich die Kraft der großen Vernunft, die nicht abzuwälzende Verantwortung jedes einzelnen Menschen vor der Transzendenz ..."[57]

[57] Die Atombombe und die Zukunft des Menschen (1956), dtv-TB 7, München 1961, S. 245. 248.

Das gilt heute ebenso sehr, da zu der alten Bedrohung die neuen Gefahren der Umweltverderbnis und der Welternährungskrise hinzukommen. Die Getreidereserven sind verbraucht, eine neue Dürre würde die bestehenden Hungersnöte vervielfachen. Die Entwicklungsländer stehen wegen des Steigens der Rohstoffpreise wirtschaftlich vor der Katastrophe, die Inflation nimmt überhand, und niemand weiß, wie man die wirtschaftliche Entwicklung in den Griff bekommen soll.

Was man bei den Christen sucht, ist die Motivation für Selbstlosigkeit und Hilfeleistung, die einmal das christliche Erbe auszeichnete. Man erhofft von uns das Beispiel der Zucht, das ausstrahlt. Wir sollen Pioniere sein im Kampf um die Versorgung der Menschheit; wir sollen zeigen, woher Kraft und Perspektive für einen solchen Einsatz herkommen können. Es wird das Vorbild von uns gefordert.

Darin liegt eine noch elementarere Herausforderung als die, die sich den Kirchen in den letzten Jahren durch den Generationskonflikt und den innenpolitisch-ideologischen Konflikt stellte. Und keine Frage, wenn irgendwo, dann müßte hier, in der Christenheit, im Bereich der Predigt Jesu, Verzicht auf sich selbst und Einsatz für den Notleidenden zu finden und zu begründen sein! Die Umwelt- und die Versorgungskrise ist *die* gegenwärtige Anfrage an die christliche Ethik und an die ethische Substanz der gegenwärtigen Christenheit.

Bisher kommen die prophetischen Umkehr-Rufe von außerhalb der Kirche. Die aktuelle Anfrage deckt unseren Mangel auf: Wie soll es schon stehen mit persönlicher Genügsamkeit und Orientierung auf den Nächsten in der Kirche einer Wohlstandsgesellschaft? In den letzten Jahren materiellen Wohlstands konnte man sich diesbezüglich gehen lassen, und wir haben es getan, wie alle anderen. Der materielle Aufstieg beschäftigte auch uns mit uns selbst. Die Gemeinde Jesu Christi war kein Zentrum der Rechtschaffenheit und der Zucht mehr, das ausgestrahlt hätte. Die Gründe dafür liegen tief. Nicht nur im Handeln, sondern schon im Denken

suchten wir uns unbewußt unserer Umgebung anzugleichen. Unsere Theologie gleicht einem ins Intellektuelle gewendeten Cargo-Kult: Was immer der Strom der Zeit an den Strand spült, wird feierlich eingeholt und verehrt.
Aber auch mit unserer ethischen Lehrüberlieferung, insbesondere in bezug auf die Motivation christlichen Handelns, steht es seit längerem nicht zum besten. Der Leichtsinn des Wohlstandslebens wird im Protestantismus schnell soteriologisch, mit dem Hinweis auf das Unevangelische einer Werkgerechtigkeit und mit der entsprechenden prinzipiellen Abweisung der Askese begründet. Da auf das eigene Handeln nicht geschaut werden darf, kann man alles genießen, was sich einem eröffnet, und das war nicht wenig in den letzten Jahren.
Was bedeutet es ferner angesichts dieser einfachen, konkreten und bedrängenden Frage, wenn uns theologisch längst der Mut für das notwendige Handeln genommen ist durch die These: „Wir können ja sowieso doch immer nur sündigen"? (Müßte da nicht der Barmherzige Samariter – gewiß mit einem Bewußtsein der unüberwindlichen eigenen Schlechtigkeit! – an dem Verletzten vorübergehen und der Reiche Kornbauer – mit demselben inneren Vorbehalt – fortfahren, sich zu bereichern?) Es ist deutlich, daß, solange dieser unterschwellige, pseudo-theologische Amoralismus herrscht, jedes Gefühl von Verantwortung unter dem Verdacht der „Gesetzlichkeit" schrumpfen und absurd werden muß. Diese Theologie produziert nichts als ethische Interesselosigkeit und Ohnmacht. Das kommt schließlich weithin in der Predigt zum Ausdruck, die sich selten mehr mit Fragen konkreter Ethik und ihrer *theologischen* Beantwortung befaßt.
Wenn wir die im Evangelium liegenden Wurzeln der Ethik nicht wieder aktivieren, werden wir die sittliche Herausforderung der Umwelt- und Ernährungskrise nicht beantworten können. Daraus ergeben sich für die Christen unmittelbar theoretische und praktische Aufgaben. Die theoretische Aufgabe besteht darin, die globalen Nöte der Zeit mit dem Zentrum der christlichen Botschaft in Beziehung zu setzen. Dazu

bedarf es einer gründlichen Revision unserer theologisch-ethischen Tradition.
In bezug auf die Praxis ist es notwendig, daß wir wieder lernen, bescheiden zu leben und nur das Notwendige für uns zu beanspruchen. Gewiß, wir sind schwach, widersprechen unseren Vorsätzen mit unserem Handeln bald und machen uns damit lächerlich. Aber diese Erfahrungen befreien uns nicht von dem Anspruch Gottes und erlauben uns nicht den bequemen Zynismus, der Gottes Hilfsangebot abblendet. Neben der Genügsamkeit im Anspruch auf materielle Güter und Rohstoffe, der sowohl für die Umwelt- wie für die Welternährungskrise so zentrale Bedeutung zukommt, darf man von den Christen, gerade wegen ihres Erbes an Kräften zur Überwindung des Materialismus, mit Recht ein Vorangehen in der Bekämpfung der Inflation erwarten. Denn sie ist die Zwillingsschwester der Umwelt- und Versorgungskrise, auch ein Kind der sich steigernden Forderungen an Besitz und Genuß.
Die Rückkehr zur persönlichen Anspruchslosigkeit bietet sodann die Plattform für ein verstärktes Engagement in gemeinsamer Fürsorge. Einzelne Christen und ganze Gemeinden könnten darin vorangehen, den Vorschlag des sowjetischen Dissidenten Sacharow von 1968 zu verwirklichen, vier Prozent des Bruttohaushalts in die ärmeren Länder zu geben. Eine sekundäre, wenn auch wichtige Aufgabe ist es, sich zu vergewissern, daß das Geld in die richtigen Hände kommt und in der richtigen Weise wirkt.
Darüber hinaus ist es, so sehr Diakonie und Mission zueinander gehören, die vornehmste Aufgabe der Christenheit, dafür zu leben, daß bei vielen Menschen jene gottgegebene Veränderung des Denkens und Wollens geschieht, die eine nachhaltige Nächstenliebe allererst ermöglicht.